ALIENAÇÃO E ACELERAÇÃO

Dados Internacionais de Catalogação na Publicação (CIP)
(Câmara Brasileira do Livro, SP, Brasil)

Rosa, Hartmut
  Alienação e aceleração : por uma teoria crítica da temporalidade tardo-moderna / Hartmut Rosa ; tradução de Fábio Roberto Lucas. – Petrópolis, RJ : Vozes, 2022.

Título original: Alienation and acceleration

2ª reimpressão, 2025.

ISBN 978-65-5713-576-1

1. Alienação (Psicologia social) 2. Modernidade 3. Percepção de tempo 4. Teoria crítica I. Título.

22-102866   CDD-302

Índices para catálogo sistemático:
1. Percepção de tempo : Psicologia social 302

Maria Alice Ferreira – Bibliotecária – CRB-8/7964

HARTMUT ROSA

ALIENAÇÃO E ACELERAÇÃO

Por uma teoria crítica da
temporalidade tardo-moderna

Tradução de Fábio Roberto Lucas

Petrópolis

© Suhrkamp Verlag Berlin 2013.
Edição traduzida para o alemão
publicada por Suhrkamp Verlag
Berlin, 2013, sob o título
*Beschleunigung und Entfremdung.
Entwurf einer kritischen Theorie
spätmoderner Zeitlichkeit*".

Tradução do original em inglês
intitulado *Alienation and
Acceleration. Towards a
Critical Theory of
Late-Modern Temporality*

Direitos de publicação em língua portuguesa – Brasil:
2022, Editora Vozes Ltda.
Rua Frei Luís, 100
25689-900 Petrópolis, RJ
www.vozes.com.br
Brasil

Todos os direitos reservados. Nenhuma parte desta obra poderá ser reproduzida ou transmitida por qualquer forma e/ou quaisquer meios (eletrônico ou mecânico, incluindo fotocópia e gravação) ou arquivada em qualquer sistema ou banco de dados sem permissão escrita da editora.

CONSELHO EDITORIAL

Diretor
Volney J. Berkenbrock

Editores
Aline dos Santos Carneiro
Edrian Josué Pasini
Marilac Loraine Oleniki
Welder Lancieri Marchini

Conselheiros
Elói Dionísio Piva
Francisco Morás
Teobaldo Heidemann
Thiago Alexandre Hayakawa

Secretário executivo
Leonardo A.R.T. dos Santos

PRODUÇÃO EDITORIAL

Anna Catharina Miranda
Eric Parrot
Jailson Scota
Marcelo Telles
Mirela de Oliveira
Natália França
Priscilla A.F. Alves
Rafael de Oliveira
Samuel Rezende
Verônica M. Guedes

Editoração: Fernando Sergio Olivetti da Rocha
Diagramação:
Sheilandre Desenv. Gráfico
Revisão gráfica: Alessandra Karl
Capa: Rafael Nicolaevsky

ISBN 978-65-5713-576-1 (Brasil)
ISBN 978-87-87564-14-4 (Suécia)

Este livro foi composto e impresso pela Editora Vozes Ltda.

Sumário

Introdução, 7

Primeira parte – Uma teoria da aceleração social, 13
1 O que é aceleração social?, 15
2 Os motores da aceleração social, 35
3 O que é desaceleração social?, 47
4 Por que vivemos uma aceleração e não uma desaceleração?, 56
5 Por que isso importa? – Aceleração e transformação de nosso "ser no mundo", 60

Segunda parte – A aceleração social e as versões contemporâneas da teoria crítica, 69
6 Exigências de uma teoria crítica, 71
7 Aceleração e "crítica das condições de comunicação", 77
8 Aceleração e "crítica das condições de reconhecimento social", 82
9 Aceleração como uma nova forma de totalitarismo, 88

Terceira parte – Esboços de uma teoria crítica da aceleração social, 93
10 Três variantes de uma crítica das condições temporais, 95
11 A crítica funcionalista: patologias da dessincronização, 99

12 A crítica normativa: revisitando a ideologia – Desmascarando as normas sociais secretas da temporalidade, 107

13 A crítica ética 1: a promessa quebrada da Modernidade, 113

14 A crítica ética 2: revendo a alienação – Por que a aceleração social leva à *Entfremdung*, 122

Conclusão, 145

Referências, 151

Introdução

Este livro é um ensaio sobre a vida moderna. Ele não visa ter um rigor científico ou filosófico completo, mas sim fazer as perguntas "certas" à filosofia social e à sociologia, para que elas se reconectem com a experiência social vivida pelas pessoas nas sociedades tardo-modernas. Este trabalho se baseia na convicção de que as ciências sociais precisam encontrar as questões que inquietam a vida dessas pessoas, que deixam os estudantes elétricos e que, em seguida, instigam pesquisas empíricas. Além disso, acredito que muitas vezes os pesquisadores em sociologia, filosofia e teoria política estão mergulhados em debates e projetos de pesquisa que não acendem nenhuma chama nem mesmo neles próprios. Nós meramente seguimos o paradigma para a solução de enigmas, no sentido de Thomas Kuhn, tendo como resultado o fato de a sociologia e a filosofia social não terem muito a oferecer para o grande público. Com isso, sinto que estamos sob o risco de ficarmos desprovidos de reivindicações, hipóteses e teorias inspiradoras e desafiadoras para a cultura da Modernidade tardia, para os estudantes e artistas ou qualquer um interessado no destino e no futuro de nossas sociedades.

Por isso, neste livro, gostaria de voltar à questão mais importante que existe para nós, humanos: O que é uma boa vida – e por que não temos uma? (Pois simplesmente assumo que, ao menos por enquanto, parece ser o estado normal de coisas o fato de boa parte de nossa vida social estar em extrema necessidade de reforma.) Uma vez que todos sabemos ser praticamente impossível dar uma resposta para a primeira parte dessa questão, começo com a segunda. De fato, acredito que a parte final da pergunta reside no núcleo de todas as versões e gerações da teoria crítica que vimos até agora; era a questão de Adorno, por certo, mas ela também mobilizava Benjamin e Marcuse, bem como Habermas e Honneth, mais recentemente; é a mesma pergunta que motivava o jovem Marx em seus primeiros manuscritos de Paris. Assim, ao escrever este ensaio, busco revigorar a tradição da teoria crítica. Em suma, a afirmação que eu gostaria de desenvolver é esta: uma forma de examinar a estrutura e a qualidade de nossas vidas é focalizar os padrões temporais. Pois não só é verdade que praticamente todos os aspectos da vida podem ser intimamente abordados desde uma perspectiva temporal, mas, além disso, as estruturas temporais se conectam com os níveis micro e macro da sociedade, ou seja, nossas ações e orientações são coordenadas e adaptadas aos "imperativos sistêmicos" das sociedades capitalistas modernas por meio de normas, prazos e regulações temporais. Por isso, argumento que a vida social moderna é regulada, coordenada e dominada por um regime temporal apertado e rígido, que não é articulado em termos éticos. Por isso, sujeitos modernos podem ser descritos como minimamente constrangidos por regras e sanções éticas e, portanto, como *livres*, ao passo que são rigidamente regulados, dominados e suprimidos por um regime de tempo largamente invisível, despolitizado, não discutido, subteorizado e desarticulado. Tal regime temporal pode, com efeito, ser analisado sob um único conceito unificador: a lógica da aceleração social. Por isso, na primeira parte deste livro, sustentarei que as estruturas temporais modernas se transformam de modo bem específico, predeterminado; elas são governadas pelas normas e pela lógica de um processo de aceleração que tem vínculos indiscerníveis com o conceito e a essência da Modernidade. Uma vez que desenvolvi essa tese detalhada e repetidamente em outros textos (ROSA, 2005a; 2003; ROSA; SCHEUERMAN, 2009), irei me limitar aqui a uma breve recapitulação da teoria da aceleração social. Na segunda parte do livro, busco sustentar a afirmação de que uma compreensão e análise crítica das normas temporais que governam secretamente nossas vidas é da maior importância não apenas desde o ponto de partida da teoria crítica, mas também para suas versões contemporâneas mais difundidas. Afinal, se admitimos que nossas possibilidades de viver uma boa vida são ameaçadas por distorções nas estruturas de reconhecimento (como argumenta Honneth) e de comunicação (como diz Habermas), podemos obter ganhos importantes de compreensão acerca da natureza dessas distorções ao examinar a temporalidade das experiências de reconhecer e comunicar (politicamente). Assim, tentarei expor como e por que a aceleração social é muito relevante para uma crítica das estruturas tardo-modernas do reconhecimento e da comunicação. Contudo, meu objetivo maior é reestabelecer um conceito bem mais antigo da teoria crítica desenvolvido por Marx e pelas primeiras gerações da Escola de Frankfurt, mas depois abandonado tanto por Honneth quanto por Habermas: o conceito de alienação. Por isso, sustentarei que em sua forma atual e "totalitária", a aceleração social leva a formas severas e empiricamente observáveis de alienação social, que podem ser vistas como o principal obstáculo para a realização de uma concepção moderna de "boa vida" nas sociedades da Modernidade tardia. Assim, na terceira parte (e mais importante), buscarei esboçar a constituição de uma "teoria crítica da aceleração social" que faz da alienação seu principal instrumento conceitual, mas também procura reinterpretar e reviver os conceitos de ideologia e de falsa necessidade.

Porém, ao final, sinto que não posso evitar para sempre a primeira parte daquela pergunta fundamental sem perder minha credibilidade. Em que conceito (inarticulado) de boa vida a teoria crítica da aceleração social se baseia? Nas últimas páginas deste ensaio tentarei abordar esse problema pelo avesso, por assim dizer. Uma vez que uso "alienação" como negação da boa vida, a primeira parte da questão pode ser assim reformulada: *"Qual é o outro da alienação?"* O que é uma vida não alienada? Há tempos, os críticos do conceito de alienação têm corretamente apontado que algumas formas de alienação devem ser momentos inevitáveis e mesmo desejáveis de qualquer vida humana, de modo que qualquer teoria ou política intentando erradicar as raízes da alienação é certamente perigosa e potencialmente totalitária. Consequentemente, os parágrafos conclusivos deste livro não buscam determinar a visão de uma vida completamente não alienada, mas recapturar momentos da experiência humana não alienada. Minha esperança é que isso forneça um novo parâmetro para a avaliação da qualidade da vida humana. Talvez seja muito otimista, mas ao menos isso poderia prover a base para uma teoria crítica que identifica aquelas tendências e estruturas que prejudicam a possibilidade de viver a experiência desses momentos.

Primeira parte

Uma teoria da aceleração social

1
O que é aceleração social?

Do que se trata a Modernidade? Pretendo mostrar que a sociologia e a filosofia social[1] podem ser compreendidas como reações às experiências de modernização. Essas formas de pensamento social surgem à medida que os indivíduos experienciam mudanças dramáticas no mundo onde vivem, sobretudo no que diz respeito ao tecido da sociedade e da vida social. Na literatura mais comum sobre a Modernidade e a Modernização, essas mudanças são interpretadas e amplamente discutidas como processos de *racionalização* (como Weber ou Habermas afirmariam), de *diferenciação* (funcional) (como argumentam teorias de Durkheim a Luhmann), de *individualização* (como antes Georg Simmel e agora Ulrick Beck defendem) ou, por fim, de *domesticação* ou subsunção à forma mercadoria, como teóricos de Marx a Adorno e Horkheimer sustentam, mantendo sua principal atenção sobre o aumento da produtividade humana e da razão ins-

---
[1] Ao menos no sentido definido por Axel Honneth (1994). Para uma reinterpretação da teoria sociológica como uma reação a experiências de modernização, cf. Rosa, Strecker e Kottmann, 2007.

trumental. Nesse sentido há inúmeras definições, livros e debates sobre cada um desses conceitos.

Porém, se deixamos de lado a sociologia-padrão por um momento e examinamos a vasta multidão de auto-observações culturais da Modernidade, descobrimos que algo está faltando nessas explicações: autores e pensadores de Shakespeare a Rousseau, de Marx a Marinetti, bem como de Charles Baudelaire a Goethe, Prost ou Thomas Mann[2] quase invariavelmente destacam (sempre com assombro e muitas vezes com bastante preocupação) o aceleramento da vida social e, com efeito, a transformação apressada do mundo material, social e espiritual. Essa sensação de que o mundo ao nosso redor está ficando cada vez mais rápido nunca, de fato, abandonou o homem moderno. Assim, em 1999, James Gleick em seu livro *Faster* (*Mais rápido*) observa (no subtítulo da obra) "a aceleração de praticamente tudo", enquanto Douglas Coupland, poucos anos antes, apresenta seu célebre livro *Generation X* (*Geração X*) (também no subtítulo) como uma série de "histórias para uma cultura acelerada". Por consequência, Peter Conrad, em seu volumoso trabalho de história cultural, declara que "a Modernidade diz respeito à aceleração do tempo" (1999, p. 9), ao passo que Thomas H. Eriksen define prontamente: "Modernidade é velocidade" (2001, p. 159).

Mas o que as ciências sociais têm a oferecer em relação a esse assunto? Com efeito, a ideia de uma mudança significativa no tecido temporal está presente nas análises "clássicas" da sociologia, por exemplo, quando Marx e Engels afirmam no

---
2 Para referências e discussões, cf. Rosa 2005a, p. 1-88.

Manifesto comunista que, na sociedade capitalista, "tudo que é sólido se desmancha no ar"; quando Simmel identifica a intensificação de estímulos nervosos e a rapidez das experiências sociais de transformação como características centrais da vida metropolitana (e, portanto, da Modernidade); quando Durkheim define a anomia como provável consequência de mudanças sociais que ocorrem rápido demais para que novas formas de solidariedade e moralidade se desenvolvam; ou, por fim, quando Weber – seguindo Benjamin Franklin – define a ética protestante como uma ética de disciplina temporal rigorosa, que considera a perda de tempo como "o mais mortal de todos os pecados"[3]. Vê-se, desse modo, que os clássicos foram obviamente motivados, ao menos em parte, por uma percepção vívida do processo de aceleração que testemunharam observando a vida moderna. Porém, depois deles, a sociologia se tornou bastante atemporal e passou a confiar em conceitos estáticos que muitas vezes apenas confrontavam sociedades modernas e pré-modernas, como se um dia a vida social tivesse simplesmente se modernizado e permanecido a mesma para sempre depois disso.

Por isso, uma teoria sistemática e um conceito preciso de aceleração social são absolutamente necessários. Aqui, eu sugiro um.

A questão mais óbvia que tal teoria precisaria resolver é assombrosamente difícil de responder; de fato, quando analisamos pacientemente toda a literatura sociológica relevante sobre o tema, é difícil evitar a sensação de puro caos: *O que*, efetivamente, está acelerando na sociedade moderna? Afinal,

---

3 Weber, 1930.

encontramos referências à aceleração da vida, da história, da cultura, da vida política ou da sociedade ou mesmo do próprio tempo (p. ex., GURVITCH, 1963; SCHMIED, 1985, p. 86-90). Alguns observadores então afirmam de uma vez que, na Modernidade, *tudo* parece ficar mais rápido. Contudo, obviamente, o próprio *tempo* não pode acelerar em nenhum sentido relevante, e nem todos os processos da vida social aceleram. Uma hora é uma hora, um dia é um dia, não importa se temos ou não a impressão de que ele passa rápido; ademais, períodos de gravidez, gripes, estações do ano e períodos educacionais evidentemente não aceleram. Por fim, não é evidente se podemos ou não falar realmente de *um* processo de aceleração social no singular quando tudo o que vemos é uma legião de fenômenos de aumento de rapidez possivelmente não relacionados – por exemplo, nos esportes, na moda, na edição de vídeos, no transporte, no ciclo de empregos – bem como de desaceleração ou *esclerose*. Uma última dificuldade conceitual com a aceleração social reside em seu relacionamento categórico com a própria sociedade: É possível falar que a *própria* sociedade acelera ou são apenas os processos *dentro* de uma ordem social (mais ou menos estável) que se tornam mais acelerados?

    Na sequência, apresento um quadro analítico que permitirá obter, ao menos em princípio, uma definição teoricamente acurada e empiricamente justificável (ou ao menos verificável) do que *acelerar* pode significar para uma sociedade, bem como dos modos como as sociedades no Ocidente podem ser concebidas como sociedades da aceleração.

Evidentemente, não há um único modelo universal de aceleração que torna *tudo* mais rápido. Pelo contrário, muitas coisas *ficam mais lentas*, como o trânsito num engarrafamento, ao passo que outras resistem tenazmente a todas as tentativas de fazê-las passar mais rápido, como um resfriado comum. Porém, certamente há muitos fenômenos para os quais o conceito de aceleração pode ser apropriadamente aplicado. Os atletas parecem correr e nadar cada vez mais rápido; *fast-food*, encontros rápidos em busca de possíveis namoros, sonos curtos para revitalização e funerais por *drive-thru* testemunham aparentemente nossa vontade de acelerar o ritmo das ações cotidianas; os computadores computam em velocidades cada vez maiores; o transporte e a comunicação precisam hoje de apenas uma fração do tempo que tomavam há um século; as pessoas parecem dormir cada vez menos (alguns cientistas descobriram que a média de tempo dormindo diminuiu cerca de duas horas desde o século XIX e cerca de trinta minutos desde os anos de 1970 (GARHAMMER, 1999, p. 378); até mesmo nossos vizinhos parecem se mudar e ir embora de seus domicílios mais frequentemente.

Mas mesmo se pudéssemos demonstrar que essas mudanças não são acidentais, mas seguem um modelo sistemático, existe alguma coisa que esses processos tão diferentes têm em comum, de modo que possam ser reunidos sob um único conceito de aceleração social? Não de modo direto, gostaria de defender. De início, quando observamos mais de perto essa série de fenômenos, parece que podemos separá-los em três categorias analítica e empiricamente distintas, quais sejam aceleração tecnológica, aceleração das mudanças sociais e aceleração do ritmo da vida. Nas páginas seguintes apresentarei primeiro essas três categorias de aceleração. Na seção seguinte, explorarei a conexão entre as diferentes esferas de aceleração, bem como os mecanismos e motores que lhes são subjacentes. Nos capítulos 2 e 3 discutirei alguns desafios para a análise sociológica das "sociedades de aceleração", dificuldades que derivam do fato de termos de levar em conta os fenômenos que permanecem constantes ou mesmo desaceleram.

a) Aceleração tecnológica

A primeira forma de aceleração, e também a mais evidente e mais mensurável, é o aumento intencional de velocidade dos processos de transporte, comunicação e produção *orientados por metas*, forma que podemos definir como *aceleração tecnológica*. Além disso, novas formas de organização e administração concebidas para dar rapidez a essas operações também contam como casos desse tipo de aceleramento ligado à tecnologia, no sentido que definimos aqui, ou seja, como instâncias de uma aceleração intencional e orientada por metas. Embora não seja sempre fácil medir a velocidade média desses processos (que é muito mais importante para a análise do impacto social da aceleração do que as velocidades máximas), a tendência geral nesse domínio é inegável. Afinal, diz-se que a velocidade de comunicação aumentou 107 vezes, a do transporte pessoal 102 e a do processamento de dados, 1.010 (GEISSLER, 1999, p. 89).

É predominantemente esse aspecto da aceleração que está no núcleo da *dromologia*, de Paul Virilio, uma narrativa da aceleração histórica que procede da revolução no transporte para aquela ocorrida na transmissão e, por fim, na revolução iminente da "transplantação", que começa a alvorecer junto com as possibilidades biotecnológicas emergentes (VIRILIO, 1997, p. 9-15). Os efeitos da aceleração tecnológica sobre a realidade social certamente são tremendos, particularmente porque elas transformam o "regime de espaço-tempo" da sociedade, ou seja, a percepção e organização do espaço e do tempo na vida social. Com isso, a prioridade "natural" (ou seja, antropológica) do espaço sobre o tempo na percepção humana, que é enraizada em nossos órgãos sensoriais e nos efeitos da gravidade, que permitem uma distinção imediata entre o "acima" e o "abaixo", o "em frente" e o "de trás" – mas não o do "antes" e do "depois" – parece ter sido invertida: Na era da globalização e da ubiquidade da internet, o tempo é cada vez mais concebido como algo que comprime ou mesmo aniquila o espaço (cf. HAVERY, 1990, p. 201s.). Aparentemente, o espaço "se contrai" virtualmente, com a velocidade do transporte e da comunicação. Desse modo, medido pelo tempo que leva para atravessar a distância entre, digamos, Londres e Nova York, o espaço diminuiu – entre a era pré-industrial das grandes navegações e o tempo dos aviões a jato – para menos de 1/60 de seu tamanho original, isto é, de cerca de três semanas para aproximadamente oito horas.

Nesse processo, o espaço, sob muitos aspectos, perde sua importância em termos de orientação no mundo tardo-moderno. Operações e projetos de desenvolvimentos não são mais localizados e os locais efetivos, como hotéis, bancos, universidades ou complexos industriais, tendem a se tornar *non-lieux*; ou seja, lugares sem história, identidade ou relação (AUGÉ, 1992)[4].

b) Aceleração das mudanças sociais

Ao observarem a dinamização da cultura, da sociedade e da história ocidental desde o século XVIII, romancistas, cientistas, jornalistas, homens e mulheres comuns geralmente não se preocuparam tanto com os progressos tecnológicos espetaculares, mas, por outro lado, ficaram intrigados pela aceleração dos processos de mudança social, que tornam instáveis e efêmeras as estruturas e constelações sociais, bem como modelos de ação e de orientação na sociedade. Essa transformação crescente de padrões da associação social, de formas das atividades práticas e de conteúdos do conhecimento (relevante na prática) define a segunda categoria da aceleração social, qual seja, a aceleração das mudanças sociais.

Se os fenômenos da primeira categoria podem ser descritos como processos de aceleração *dentro* da sociedade, os dessa segunda categoria poderiam ser classificados como fenômenos de aceleração da *própria* sociedade. O que está em jogo aqui é a ideia de que até mesmo a velocidade da mudança está mudando. Por isso, considera-se que atitudes e valores, tanto quanto a moda, os estilos de vida, as relações e obrigações sociais,

---

[4] Harvey, porém, referindo-se a uma espacialização invertida do tempo, nos previne de não desconsiderar o espaço tão rapidamente (HARVEY, 1991, p. 272s.).

também grupos, classes, meios e linguagens sociais, além das atividades e hábitos estão mudando cada vez mais rápido. Isso levou Arjun Appadurai a substituir a simbolização do mundo social concebida antes como um conjunto de elos sociais estáveis e localizáveis em *mapas* por telas fluídas e tremeluzentes representando fluxos culturais que apenas pontualmente se cristalizam em paisagens "étnicas, técnicas, financeiras, midiáticas e ideológicas" (APPADURAI, 1990).

Contudo, medir empiricamente a velocidade da mudança social ainda é um desafio não superado, principalmente porque há pouco consenso na sociologia sobre quais são os indicadores de mudança relevantes e sobre quando alterações e variações realmente constituem uma mudança social genuína ou "básica"[5]. Portanto, para desenvolver uma sociologia sistemática da aceleração social, sugiro utilizar o conceito de "contração do presente" (*Gegenwartsschrumpfung*) para obter um parâmetro de mensuração empírica da velocidade da mudança. Esse conceito foi desenvolvido pelo filósofo Hermann Lübbe, para quem as sociedades ocidentais estão vivenciando uma *contração do presente* em função da velocidade crescente das inovações culturais e sociais (LÜBBE, 2009). Sua forma de medir é tão simples quanto instrutiva: para ele, o *passado* é definido como aquilo que *não vigora mais/que não é mais válido*, ao passo que o futuro denota aquilo que *ainda não vigora/ainda não é válido*. O presente, portanto, é o intervalo de tempo no qual coincidem os horizontes da experiência e da expectati-

---

5 Cf. Sztompka, 1994; Müller e Schmid, 1995; Laslett, 1988. Peter Laslett distingue 19(!) velocidades diferentes de mudanças sociais internas (econômicas, políticas, culturais etc.).

va (para usar uma ideia desenvolvida por KOSELLECK, 2009). Apenas dentro desses hiatos temporais de relativa estabilidade podemos partir de experiências passadas para orientar nossas ações e inferir do passado conclusões relativas ao futuro. Apenas dentro desses hiatos temporais encontramos alguma certeza para nossas orientações, avaliações e expectativas. Em outras palavras, *a aceleração social é definida pelo declínio das taxas de confiança em experiências e expectativas, bem como pela contração do hiato de tempo definível como o "presente"*. Obviamente, podemos aplicar essa medida de estabilidade e de mudança em instituições e práticas sociais e culturais de todos os tipos: o presente se contrai na arena política tanto quanto na arena profissional; na esfera tecnológica bem como na esfera artística; na dimensão normativa tanto quanto na dimensão científica ou cognitiva, isto é, em termos culturais assim como em termos estruturais. Como um teste cotidiano, o leitor pode simplesmente avaliar a deterioração de seus conhecimentos práticos do dia a dia: quais são os intervalos de tempo em que ele ou ela pode presumir a estabilidade de informações como endereços, números de telefone dos amigos, horários de abertura de lojas e escritórios, as taxas cobradas por empresas de seguro ou telefonia, a popularidade das estrelas de TV, de partidos e políticos, os empregos em que as pessoas estão e os relacionamentos nos quais elas estão envolvidas?

Mas como poderíamos verificar essa sensação de contração empiricamente? A meu ver, podemos tomar como ponto de referência inicial aquelas instituições que organizam esses processos de produção e reprodução, uma vez que elas parecem formar as estruturas sociais básicas. No caso das sociedades ocidentais, desde o início da era moderna, tais instituições incluem a família e o sistema de ocupações. Com efeito, a maioria dos estudos sobre mudança social focam justamente nesses dois domínios, tomados em conjunto com as instituições políticas e a tecnologia. Posteriormente mostrarei como mudanças sociais e tecnológicas – portanto, aceleração tecnológica e aceleração das transformações sociais – estão interligadas. Neste momento, quero sugerir que a mudança nesses dois domínios – a família e o trabalho – se acelerou, deixando de ocorrer no *ritmo intergeracional* das sociedades do início da Modernidade para começar a ocorrer no *ritmo intrageracional* das sociedades tardo-modernas. Assim, a estrutura familiar típica e ideal da sociedade agrária tendia a permanecer estável por séculos, com as transições geracionais mantendo intacta sua estrutura básica. Na Modernidade clássica (mais ou menos entre 1850 e 1970), essa estrutura foi construída para durar apenas uma geração: ela foi organizada em torno de um casal e tendia a se dispersar com a morte do par. Na Modernidade tardia há uma tendência crescente de ciclos de vida familiares que duram menos do que o tempo de vida de um indivíduo: taxas crescentes de divórcio e segundo casamento são as evidências mais óbvias disso (LASLETT, 1988, p. 33). Similarmente, no mundo do trabalho das sociedades pré-modernas e do início da Modernidade, a ocupação do pai era herdada pelo filho – uma vez mais, possivelmente ao longo de muitas gerações. Na Modernidade clássica, as estruturas de emprego tendiam a mudar de uma geração para outra: os filhos (e mais tarde as filhas também) eram livres para escolher sua própria profissão, mas eles geralmente escolhiam apenas uma vez na vida, ou seja, tratava-se de uma escolha para a vida toda. Em contraste, na Modernidade tardia, os empregos não duram mais uma vida profissional inteira, eles mudam numa frequência maior do que as gerações. Assim, segundo Richard Sennett, os trabalhadores com maior índice de educação nos Estados Unidos trocam de emprego cerca de onze vezes ao longo da vida (SENNETT, 1998, p. 25). Consequentemente, diz Daniel Cohen, uma pessoa que começa uma carreira na Microsoft não tem a menor ideia de onde ela vai terminar. Uma pessoa que começava antes na Ford ou na Renault podia estar quase certo de que ela terminaria no mesmo lugar[6].

Nesse sentido, formulando o argumento de modo mais geral, a estabilidade das instituições e práticas sociais poderia servir como um padrão de medida para a aceleração (ou desaceleração) da mudança social. No trabalho de autores como Peter Wagner, Zygmunt Bauman, Richard Sennett e Ulrich Beck, Anthony Giddens e Scott Lash, pode-se encontrar a sustentação teórica e empírica para a tese de que a estabilidade institucional geral está em declínio nas sociedades tardo-modernas (WAGNER, 1994; BECK; GIDDENS; LASH, 1994; BAUMAN, 2000). Em certo sentido, todo o discurso sobre a "Pós-modernidade" e sobre a contingência se apoia nessa ideia, embora, no contexto deste ensaio, seja evocado apenas como ponto de partida para futuras pesquisas empíricas.

c) Aceleração do ritmo da vida

Talvez a faceta mais urgente e assustadora da aceleração social é a "fome de tempo" espetacular e epidêmica das socie-

---
6 Apud Bauman, 2000, p. 116.

dades modernas (ocidentais). Na Modernidade, os atores sociais cada vez mais sentem que estão com falta de tempo, que o tempo está acabando para eles. Aparentemente, é como se o tempo fosse percebido como uma matéria-prima que é consumida como petróleo e que está, portanto, tornando-se cada vez mais escassa e valiosa. Essa percepção do tempo habita o núcleo de um terceiro tipo de aceleração nas sociedades ocidentais, que é mais do que um efeito ou consequência lógica das duas primeiras. Muito pelo contrário, ao menos para um primeiro olhar, a fome de tempo parece ser totalmente paradoxal em relação à aceleração tecnológica. Essa terceira categoria é a *aceleração do ritmo da vida (social)*, que, uma vez mais, foi postulada muitas vezes ao longo da Modernidade (p. ex., SIMMEL, 1971; 1978, p. 470-512; ou, mais recentemente, LEVINE, 1997). Ela pode ser definida como um *aumento no número dos episódios de ação ou de experiência por unidade de tempo*, ou seja, é a consequência do desejo ou do sentimento da necessidade de *fazer mais coisas em menos tempo*. Por isso, essa categoria é o foco central de boa parte da discussão sobre a aceleração cultural e a alegada necessidade de desaceleração.

Mas como poderíamos medir o ritmo da vida?[7] A meu ver, as tentativas existentes para fazer isso seguiram uma abordagem ou "subjetiva" ou "objetiva", a rota mais promissora sen-

---

[7] O sociólogo norte-americano Robert Levine e sua equipe conduziram recentemente um estudo comparativo transcultural em que foram usados três indicadores para medir a velocidade da vida: *a velocidade da caminhada* dentro das cidades; *o tempo que leva para comprar um selo* numa agência de correios; e *a exatidão dos relógios públicos*. Por muitas razões (discutidas detalhadamente em ROSA, 2001), essa abordagem pode no máximo servir como uma tentativa preliminar bastante rudimentar. Ela

do uma combinação das duas. No lado "subjetivo", a *aceleração* diante da velocidade da vida (em relação à velocidade própria da vida) provavelmente terá efeitos observáveis na experiência temporal do indivíduo: ela levará as pessoas a considerar o tempo escasso, a se sentir apressadas, estressadas e sob pressão do relógio. Em geral, as pessoas sentirão que o tempo corre mais rápido do que antes, reclamarão de que "tudo" está rápido demais e ficarão preocupadas com a possibilidade de não conseguir acompanhar o ritmo da vida social. Com efeito, o fato de que essa reclamação tem acompanhado a Modernidade desde o século XVIII *não* prova que a velocidade da vida esteve alta o tempo inteiro; na verdade, ele não ajuda a determinar "a" velocidade da vida de modo nenhum, mas, por outro lado, aponta para a existência de uma *aceleração* progressiva. Como era de se esperar, estudos empíricos indicam que as pessoas nas sociedades ocidentais *de fato* se sentem sob grande pressão do relógio e *de fato* reclamam da escassez de tempo. Nas últimas décadas, esses sentimentos têm aumentado (GEISSLER, 1999, p. 92; GARHAMMER, 1999, p. 448-455; LEVINE, 1997, p. 196s.)[8], o que torna plausível o argumento de que a "revolução digital" e o processo de globalização constituíram mais uma onda de aceleração social.

No lado "objetivo", a aceleração da própria "velocidade da vida" pode ser medida de duas formas. Primeiramente, ela

---

é certamente muito insatisfatória como instrumento de uma análise sociológica completa das estruturas temporais da Tardo-modernidade.

8 Algumas evidências em contrário foram publicadas por John P. Robinson e Geoffrey Godbey (1996), mas tal estudo parece ser uma exceção bastante particular.

deve levar a uma contração mensurável do tempo gasto em episódios ou "unidades" definíveis de ação, como dormir, comer, caminhar, divertir-se, conversar com os familiares etc., uma vez que "acelerar" implica fazer *mais* coisas em *menos* tempo. Este é um domínio no qual os estudos sobre a utilização do tempo podem ter a maior importância. E, com efeito, algumas pesquisas descobriram muitas evidências desse tipo de aceleração: assim, por exemplo, parece haver uma nítida tendência a comer mais rápido, dormir menos e se comunicar menos com nossas famílias do que faziam os nossos ancestrais[9]. Ainda assim, é preciso ter muito cuidado com esses resultados; em primeiro lugar porque os dados de estudos longitudinais sobre a utilização de tempo são extremamente limitados; em segundo lugar porque sempre encontramos processos na direção contrária (p. ex., o tempo que os pais passam com seus filhos ao menos em alguns setores das sociedades ocidentais está nitidamente aumentando) sem conseguir determinar adequadamente a relevância dessas descobertas; e em terceiro lugar porque geralmente não é evidente o que *impulsiona* as acelerações mensuráveis (p. ex., o fato de as pessoas hoje dormirem menos do que em gerações anteriores pode ser atribuído simplesmente ao fato de que elas envelhecem mais e não trabalham tão duro fisicamente).

A segunda forma como explorar "objetivamente" a aceleração do ritmo da vida consiste em medir a tendência social a "comprimir" as ações e experiências; isto é, a fazer e a experimentar mais dentro de um dado período de tempo,

9 Para uma discussão geral dessas evidências, cf. Rosa 2005a, p. 199-213.

reduzindo as pausas e intervalos e/ou fazendo mais coisas simultaneamente, como assistir TV, cozinhar ou telefonar para alguém ao mesmo tempo. Essa estratégia, obviamente, é chamada de "vida multitarefa" (BENTHAUS-APEL, 1995).

Ora, se aceitamos que "o ritmo da vida" se refere à velocidade e à compressão de ações e experiências da vida cotidiana, fica difícil enxergar como isso de fato se relaciona com a aceleração tecnológica. Afinal, a tecnologia nesse caso pode ser definida como um aumento no "desempenho" por unidade de tempo, ou seja, no número de quilômetros corridos por hora, de bytes de dados transferidos por minuto ou de carros produzidos por dia (cf. Figura 1).

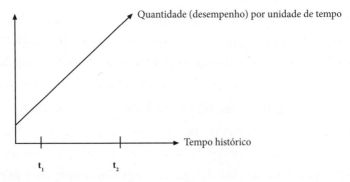

Figura 1 – Aceleração tecnológica como aumento da quantidade por unidade de tempo. t1 e t2 podem se referir variadamente à velocidade do transporte em quilômetros por hora em 1800 e 1960, ou à velocidade operacional dos computadores em 1960 e 2000 etc.

Portanto, a aceleração tecnológica implica necessariamente uma diminuição no tempo necessário para realizar processos cotidianos e ações de produção e reprodução, comunicação e transporte, uma vez que a quantidade de tarefas e ações permanece igual (Figura 2).

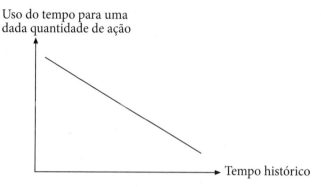

Figura 2 - Recursos de tempo necessários para a execução de certa quantidade de ações (p. ex., atravessar 10km, reproduzir um livro ou responder 10 mensagens) na era da aceleração tecnológica (cf. Figura 1).

Logo, a aceleração tecnológica deveria logicamente implicar um *aumento* no tempo livre, que por sua vez *diminuiria* o ritmo da vida ou ao menos eliminaria ou aliviaria a fome de tempo. Uma vez que, acelerando a tecnologia, menos tempo é necessário para realizar uma tarefa pendente, as horas deveriam se tornar *abundantes*. Se, muito pelo contrário, a sociedade moderna vê o tempo se tornar cada vez mais escasso, logo, existe aí algum efeito paradoxal que demanda uma explicação sociológica[10].

Podemos começar a encontrar essa explicação quando consideramos as precondições para a esperada abundância de tempo ou desaceleração: como afirmado acima, os recursos temporais necessários para cumprir as tarefas de nossa vida

---

10 Para uma explicação econômica muito interessante, cf. Linder 1970.

cotidiana decrescem de modo significativo caso a *quantidade de tais tarefas continue o mesmo*. Mas é isso que ocorre? Basta levar em conta as consequências que a introdução da tecnologia do e-mail teve para nosso orçamento de tempo. É bastante preciso assumir que é duas vezes mais rápido escrever uma mensagem por e-mail do que por carta convencional. É possível também presumir que em 1990 escrevíamos e recebíamos uma média de dez cartas por dia de trabalho, quantidade que exigia um total de duas horas de trabalho. Com a introdução da nova tecnologia seria necessário apenas uma hora para lidar com a correspondência diária caso o número de mensagens enviadas e recebidas permanecesse o mesmo. Nesse caso, uma hora de "tempo livre" seria liberada para ser usada em qualquer outra atividade. Mas foi isso o que aconteceu? Aposto que não. Com efeito, se o número de mensagens lidas e enviadas dobrou, então a mesma quantidade de tempo será usada para trabalhar com as correspondências do dia[11]. Contudo, suspeito que hoje as pessoas leiam e escrevam 40, 50 ou mesmo 70 mensagens de e-mail por dia. Logo, é preciso muito mais tempo para lidar com as questões de comunicação do que antes de a rede mundial de computadores ter sido inventada. Ademais, a mesma coisa aconteceu há um século com a introdução do carro e, posteriormente, com a invenção

---

11 Deixo de lado nesse momento o fato de esse cálculo ser falho, obviamente, pois mesmo que a escrita e o envio de uma mensagem de e-mail possam ser feitos em metade do tempo que levava para escrever e enviar uma carta, a reflexão e a deliberação a respeito do conteúdo escrito não podem ser aceleradas em níveis comparáveis. É bem possível que isso seja a explicação central para o fato de tantas pessoas relatarem ficar completamente esmagadas e estressadas com as demandas do e-mail.

da máquina de lavar: obviamente, teríamos ganhado bastantes recursos de tempo livre se cruzássemos as mesmas distâncias que antes e se lavássemos roupas com a mesma frequência de antes, mas não fazemos mais isso. Nós agora dirigimos ou até mesmo voamos centenas de milhares de quilômetros a lazer ou a trabalho, sendo que no passado talvez viajássemos apenas um punhado de milhas em toda nossa vida. E agora trocamos de roupas todos os dias, ao passo que há um século fazíamos isso uma vez por mês (ou menos).

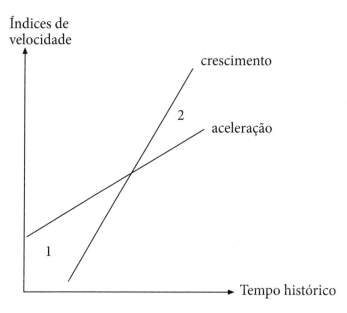

Figura 3 – "Tempo livre" (1) e respectivamente "fome de tempo" (2) são consequências da relação entre as velocidades de crescimento e de aceleração. (1) descreve um ritmo de vida que desacelera, (2) uma aceleração. Se as duas velocidades estão iguais (como na intersecção das linhas), o ritmo vital permanece o mesmo, apesar da aceleração tecnológica. Em uma sociedade de aceleração, a velocidade do crescimento supera sistematicamente a velocidade da aceleração (2).

A Figura 3 expõe essa relação entre aceleração tecnológica e crescimento dos índices quantitativos bem nitidamente. Ela se repete quase de forma idêntica na história de quase todas as invenções tecnológicas desde a era industrial: a velocidade do crescimento quantitativo supera a velocidade da aceleração e, com isso, o tempo fica cada vez mais escasso mesmo diante da tecnologia acelerada. Desse modo, podemos definir a sociedade moderna como uma "sociedade da aceleração", uma vez que ela é caracterizada por um aumento do ritmo da vida (ou por insuficiência de tempo) *apesar* das impressionantes taxas de velocidade de sua aceleração tecnológica. Como isso vem a acontecer? Para responder a esta pergunta, examinaremos brevemente os motores que impulsionam a aceleração social moderna no próximo capítulo.

2
Os motores da aceleração social

A sociedade moderna é definida pela combinação fatídica de crescimento e aceleração. Como tentei mostrar nos parágrafos anteriores, e ao contrário à opinião geral, a tecnologia por si mesma não é a causa da aceleração social. Isso pode ser visto pelo exemplo do e-mail discutido acima: de nenhum modo essa tecnologia me força nem mesmo me induz a ler e escrever mais mensagens por dia, mesmo que, obviamente, ela seja uma *condição que possibilita* o crescimento. Mas esse caso também pode ser visto a partir de evidências históricas: aparentemente, as revoluções tecnológicas da era industrial bem como da era da digitalização foram impulsionadas pela fome de tempo da sociedade moderna, elas foram *respostas* para o problema cada vez mais grave de escassez de tempo. Assim, muito antes do motor a vapor ou do telégrafo terem sido inventados, para não falar da estrada de ferro ou do automóvel, as pessoas do início da Modernidade já procuravam dar mais velocidade aos processos de transporte, produção e comunicação. Elas tentavam fazer isso, por exemplo, trocando com mais frequência os cavalos conduzindo as carruagens ou usando diversos mensageiros para entregar uma mensagem em vez de enviar um só que precisaria dormir e descansar (cf. KOSELLECK, 2009; VIRILIO, 2006). Para identificar os motores da velocidade, portanto, temos de procurar em outros lugares. A seguir, apresento três respostas para tentar entender como a Modernidade foi capturada por esse processo de aceleração implacável. Essas respostas são analiticamente distintas, embora estejam, obviamente, empiricamente conectadas.

a) O motor social: a competição

Na busca pelos mecanismos que impulsionam e conectam os processos de aceleração e crescimento na sociedade moderna, não há muita dúvida de que os princípios básicos e as leis da lucratividade próprias a uma economia capitalista desempenham um papel fundamental aqui. A simples equação entre tempo e dinheiro que encontramos no famoso ditado de Benjamin Franklin é verdadeira em múltiplos sentidos. Primeiramente, uma vez que o tempo de trabalho é um fator essencial da produção, economizar tempo é um meio simples e direto de economizar custos e ganhar vantagens competitivas. Em segundo lugar, as dinâmicas do crédito e dos juros forçam os investidores a buscar negócios que dão retorno cada vez mais rápido e que aceleram a circulação de capital, o que, por sua vez, acelera não só a própria produção, mas também a circulação e o consumo. Por fim, estar temporalmente à frente de seu competidor quanto às inovações do processo de produção e do próprio produto é o caminho necessário para conquistar algum lucro extra, que é indispensável para manter a competitividade do empreendedor. Assim, a aceleração social no geral e a aceleração tecnológica no particular são uma consequência lógica de um sistema de mercado capitalista competitivo. Porém, numa sociedade moderna, o princípio de competição excede de longe a esfera econômica (orientada para o crescimento). De fato, ele é o modo dominante de alocação em praticamente todas as esferas da vida social, sendo, portanto, como ensina Talcott Parsons, um princípio central definidor da própria Modernidade.

Obviamente, todas as sociedades precisam encontrar e legitimar não só modos de alocar recursos, bens e riquezas, mas também privilégios e posições, bem como prestígio e reconhecimento social. Em sociedades pré-modernas ou não modernas encontramos diversas formas de alocação. Na maioria das vezes, os padrões de distribuição são predeterminados por prescrições corporativas. Assim, se alguém nascia como rei, camponês ou cavaleiro, o *status* dessa pessoa, o reconhecimento que ela mereceria bem como seus privilégios, os direitos e bens aos quais ela teria acesso, tudo isso seria mais ou menos completamente determinado por seu nascimento. Porém, da perspectiva da Modernidade ocidental, isso não é nem eficiente em termos funcionais nem justo para os princípios de justiça em vigor. Por consequência, o princípio básico dominante para a alocação em quase todas as esferas da vida social na sociedade moderna é a lógica da competição. Isso não requer muitas explicações adicionais no âmbito da economia ou dos esportes, mas também é verdadeiro na esfera política (o privilégio e a posição de poder é dada à pessoa ou partido que vence uma competição eleitoral), na ciência (as posições de professor titular ou de pesquisador sênior bem como os recursos para realizar projetos científicos são conquistados em batalhas competitivas), nas artes (onde é preciso vencer seus competidores ou vendendo mais ingressos, livros, discos etc. no livre-mercado ou impressionando um júri) e até mesmo na religião (denominações e Igrejas competem pelos fiéis).

Historicamente, a competição militar e política entre estados-nação no sistema westfaliano estabelecido depois de 1648 pode ser vista como uma das principais causas da aceleração das inovações tecnológicas, econômicas, infraestruturais e científicas na Europa (ROSA, 2005a, p. 311-332). Ademais, da perspectiva dos indivíduos, há uma disputa competitiva contínua pelos graus de formação escolar, pelas posições de emprego, renda, ostentação de bens de consumo, pelo sucesso dos filhos, mas também – e mais importante – pela conquista e manutenção do cônjuge e de certo número de amigos. Não é por acaso que anúncios de relacionamento íntimo são colocados entre as seções de venda de carros, de oferta de empregos e de imóveis nos jornais. E todos sabemos que podemos facilmente perder nossa "competitividade" na luta pelos elos sociais: se não nos mostrarmos gentis, interessantes, divertidos e belos o suficiente, nossos amigos e até mesmo nossos parentes rapidamente deixarão de nos ligar. Mais explicitamente, em websites como Facebook, Myspace, Twitter e Hotornot, em que pessoas contam o número de seus amigos e têm suas fotos avaliadas em termos de atratividade (física), podemos observar as formas bem bizarras que essa disputa social competitiva adquire na Modernidade tardia. Assim, a "posição" que um indivíduo mantém na sociedade, a Modernidade não é predeterminada por seu nascimento nem permanece estável ao longo de sua vida (adulta), mas está em permanente negociação competitiva.

Todavia, dado que o princípio determinante ou decisivo na competição é a *realização*, o tempo e, mais do que isso, a própria lógica da aceleração se mostram diretamente integrados à forma central de alocação na Modernidade: a realização é definida como *trabalho ou esforço por tempo* (poder = trabalho dividido por tempo, como diz a física), logo, acelerar e economizar tempo estão diretamente vinculados ao ganho de vantagens competitivas – ou, se todas as outras pessoas tentarem fazer o mesmo, à manutenção da posição já obtida. A lógica social da competição se constitui de modo que os competidores tenham de investir cada vez mais energia para preservar sua competitividade, até que isso deixe de ser o meio que levaria a uma vida autônoma segundo propósitos autodefinidos e se torne o único objetivo geral da vida tanto individual quanto social (cf. ROSA, 2006). Observamos essa dinâmica ser confirmada em inúmeras observações (e nas respostas repetitivas e quase unânimes que recebemos dos entrevistados em estudos empíricos qualitativos) que diziam algo como: "precisamos dançar cada vez mais rápido apenas para conseguir ficar no mesmo lugar" (CONRAD, 1999, p. 6) ou "temos de correr o mais rápido que conseguirmos para poder manter a mesma posição" (ROBINSON; GODBEY, 1999, p. 33). A sabedoria popular sempre soube disso ao avisar que "quem compete não dorme". O único domínio importante de alocação que *não* é governado pelo princípio da competição são os modelos e medidas de distribuição dos regimes de bem-estar social (cf. a análise detalhada de NULLMEIER, 2000). Logo, não é de se admirar que a sensação de aceleração social das pessoas se torne mais agudo justamente num momento em que as políticas de bem-estar social foram parcialmente reduzidas e parcialmente expostas a elementos mais competitivos.

Em resumo, sustento que a lógica da competição não é a única, mas é a principal força que impulsiona a aceleração social.

b) O motor cultural: a promessa de eternidade

Apesar de tudo, os atores sociais da Modernidade não são apenas vítimas indefesas de uma dinâmica aceleradora que eles não conseguem controlar. Não é como se eles fossem forçados a se adaptar a um jogo de aceleração com o qual eles não teriam nenhuma relação prévia. Muito pelo contrário, desejo demonstrar que o motor da aceleração também é movido por uma forte promessa cultural: na sociedade secular moderna, a aceleração serve como um equivalente funcional da promessa (religiosa) de *vida eterna*.

A razão por trás disso é a seguinte: o mundo social moderno é secular porque, em termos culturais, a ênfase central é primeiramente a vida, não a morte. Quer as pessoas ainda tenham ou não crenças religiosas, suas aspirações, desejos e anseios geralmente estão direcionados para as ofertas, opções e riquezas deste mundo. Ora, a prosperidade, plenitude ou qualidade da vida, segundo a lógica cultural dominante da Modernidade ocidental, pode ser mensurada a partir da soma e da profundidade das experiências vividas durante o tempo de uma vida. Assim, nessa concepção, a *boa vida* é uma *vida realizada*, ou seja, uma vida rica em experiências e em capacidades desenvolvidas (BLUMEMBERG, 1986; GRONEMEYER, 1996; SCHULZE, 1994)[12]. Não há mais aqui a suposição de uma "vida mais elevada" nos esperando depois da morte, mas sim a busca por realizar tantas opções quanto possível dentro das vastas possibilidades que o mundo tem para oferecer. *Sentir o gosto da vida em todas as suas alturas e profundezas, em toda sua plena complexidade*, eis a principal aspiração do homem moderno[13].

Mas, no fim das contas, o mundo infelizmente parece sempre ter mais a oferecer do que o que pode ser vivido ao longo de uma vida. As opções oferecidas sempre superam a quantidade das experiências realizáveis durante a vida de um indivíduo ou, nos termos de Hans Blumenberg, o tempo percebido do mundo (*Weltzeit*) e o tempo da vida individual (*Lebenzeit*) divergem dramaticamente para as pessoas que habitam o mundo moderno. A *aceleração do ritmo da vida* surge, nesse sentido, como a solução natural para esse problema: se vivermos "duas vezes mais rápido", se gastarmos apenas metade do tempo para realizar dada ação, objetivo ou experiência,

---

12 Sobre a secularização do tempo, cf. Taylor, 2007.
13 Ilustrações literárias célebres dessa ideia podem ser encontradas na obra de Goethe, p. ex., em *Fausto* ou no *Wilhelm Meister*. Não é surpresa que, como apontou Manfred Osten (2003), os escritos de Goethe possam ser fertilmente lidos e interpretados como uma descrição e uma crítica da sociedade da aceleração.

poderemos dobrar "a soma" de nossas experiências e, portanto, "da vida" dentro de nosso tempo de vida. Nossa "efetividade" ou cota – isto é, a soma das *opções* realizadas em proporção às opções potencialmente *realizáveis* – dobra. Daí se conclui que, nessa lógica cultural, as dinâmicas do crescimento e da aceleração também estão intrinsecamente entrelaçadas.

Ora, prosseguindo nessa linha de raciocínio, se mantivermos a velocidade cada vez maior da vida, poderemos eventualmente chegar a viver uma multiplicidade ou mesmo uma *infinidade* de vidas dentro de um tempo de vida, realizando todas as opções que a definiriam. Desse modo, a aceleração serve como uma estratégia para apagar a diferença entre o tempo do mundo e o tempo de nossa vida. *A promessa eudaimônica da aceleração moderna reside, portanto, na ideia (não dita) de que acelerar o "ritmo da vida" é nossa (i. é, da Modernidade) resposta para o problema da finitude e da morte.* Desnecessário dizer, essa concepção, infelizmente, não cumpre sua promessa no fim das contas. Essas mesmas técnicas que nos ajudam a economizar tempo levam a uma explosão de opções mundanas: não importa quão rápido nos tornemos, nossa partilha do mundo, isto é, a porção de opções realizadas e experiências feitas em proporção com aquelas *perdidas* não cresce, mas cai incessantemente[14]. Ousaria dizer que essa é uma das tragédias do homem moderno: enquanto ele se sentir preso correndo implacavelmente em círculos, como um ratinho de laboratório, sua fome de vida e de mundo não será satisfeita, mas frustrada em escalas cada vez maiores.

---

14 Aqui não há espaço para nos aprofundarmos nesse argumento; para uma discussão mais detalhada, cf. Rosa 2005a, p. 279-294.

c) O ciclo de aceleração

Assim, identificamos duas grandes forças "externas" que alimentam incessantemente o motor da aceleração e que o colocaram em movimento no começo da Modernidade. Tudo isso é complementado pela lógica interna da divisão do trabalho, ou diferenciação funcional, que inicialmente *permite*, depois *demanda* velocidades cada vez maiores de processamento social (ROSA, 2005a, p. 295-310). Contudo, gostaria de sustentar que na Modernidade tardia a aceleração social se tornou um sistema autopropulsor que não precisa mais de nenhuma força de impulsão externa. As três categorias identificadas antes – aceleração tecnológica, aceleração da mudança social e aceleração do ritmo da vida – passaram a formar um sistema entrelaçado de retroalimentação que se impulsiona sem parar.

Como tentei apontar acima, é importante notar que entre o crescimento e a aceleração não há interconexão nem lógica, nem causal. Apenas a aceleração de processos estáveis implicaria logicamente um aumento correspondente, sendo que, como vimos, processos de transporte, comunicação ou produção não são por si mesmos estáveis. Ao acelerá-los, normalmente seria possível esperar por uma abreviação do custo temporal deles. Logo, como argumentei acima, a expectativa seria a de uma relação inversa entre aceleração tecnológica e ritmo da vida: uma vez que a primeira libera recursos abundantes de tempo livre, as pessoas deveriam ter *mais tempo* para dispor livremente dele.

Porém, infelizmente, há um elemento que interliga positivamente a aceleração do ritmo da vida e a tecnologia: como afirmei no começo, acelerar os recursos tecnológicos pode ser visto como uma *resposta* social para o problema da escassez de tempo, ou seja, para a aceleração do "ritmo da vida". Quando analisamos as relações causais entre as três esferas da aceleração social, uma surpreendente retroalimentação se revela: a aceleração tecnológica, que está frequentemente conectada à introdução de novas tecnologias (como o motor a vapor, a estrada de ferro, o automóvel, o telégrafo, o computador ou a internet), quase inevitavelmente acarreta uma série de mudanças nas práticas sociais, estruturas de comunicação e formas de vida correspondente. Por exemplo, a internet não só aumentou a velocidade de intercâmbios comunicativos e a "virtualização" de processos econômicos e produtivos, mas também estabeleceu novas estruturas ocupacionais, econômicas e comunicativas, dando início a novos modelos de interação social e até mesmo a novas formas de identidade social (cf. TURKLE, 1995). Logo, é fácil ver como e por que a aceleração tecnológica tende a caminhar de mãos dadas com a aceleração das mudanças sociais, que ganham forma na metamorfose de estruturas e modelos sociais, orientações e valorações do agir. Ademais, se as transformações sociais aceleram tendo por efeito uma "contração do presente" no sentido discutido acima, naturalmente "o ritmo da vida" também será acelerado. A explicação para isso pode ser encontrada num fenômeno bem conhecido no domínio da produção capitalista, que pode ser chamado de "fenômeno do declive escorregadio" da sociedade competitiva: o capitalista não pode parar e descansar, interromper a corrida e assegurar sua posição, uma vez que ele ou sobe ou cai. Não há ponto de equilíbrio, pois *ficar parado* equivale a *ficar para trás*, tal como notaram tanto Marx quanto Weber.

Similarmente, numa sociedade competitiva com velocidades aceleradas de mudança social em todas as esferas da vida, os indivíduos sempre sentem que estão caminhando sobre "declives escorregadios": tirar férias prolongadas significa ficar desatualizado, obsoleto, anacrônico no que concerne às experiências e ao conhecimento, aos acessórios e modos de se vestir, bem como em termos de orientação e até mesmo de linguagem[15]. Se o leitor, ou leitora, busca uma imagem cotidiana para essa síndrome, basta pensar em sua conta de e-mail: depois de uma longa sessão de leitura, podemos ter chegado enfim ao topo da lista. Todas as mensagens importantes já foram lidas, todas as respostas relevantes, enviadas. Porém, tão logo nos voltemos para outra atividade, começamos a ficar para trás de novo: no fim do dia, provavelmente estamos numa posição pior na lista de mensagens checadas do que antes. A conta de e-mail se enche de novo silenciosa e incessantemente e começamos a se sentir como Sísifo.

Desse modo, as pessoas se veem pressionadas a manter a velocidade da mudança que elas vivenciam no mundo social e tecnológico, evitando assim a perda de opções e conexões possivelmente valiosas (*Anschlussmöglichkeiten*) e mantendo suas chances competitivas. Esse problema é ainda agravado pelo fato de ser cada vez mais difícil prever *quais* opções se revelarão valiosas, uma vez que vivemos num mundo de mudança incessante. Logo, a transformação social acelerada levará a uma aceleração do "ritmo da vida". E, por fim, como vimos desde o início, novas formas de acelerar a tecnologia serão acionadas para dar mais

---

[15] Por isso, as pessoas mais velhas na sociedade ocidental muitas vezes não conseguem compreender a "bolha tecnológica" na qual os jovens se inserem quando falam de seus *gameboys*, e-mails, DVDs etc.

velocidade aos processos da vida cotidiana produtiva. Foi desse modo que o "ciclo da aceleração" se tornou um sistema fechado, que se retroalimenta (Figura 4).

Figura 4 – O ciclo da aceleração

3
O que é desaceleração social?

Embora a análise acima tenha trazido à luz evidências suficientes para a identificação de três categorias ou domínios de aceleração social distintos, ainda que entrelaçados, isso por si só não basta para sustentar a afirmação de que a Modernidade é de fato aceleração. Pois é facilmente concebível que sempre encontremos um número de processos que aceleram e outro conjunto de desdobramentos que *desaceleram* a vida de toda sociedade. Portanto, a tese de que a Modernidade é essencialmente *uma aceleração da vida social* não pode ser confirmada pela simples identificação de diferentes formas de aceleração; tal ideia só pode ser defendida conceitualmente se for possível provar que as forças de aceleração superam sistematicamente as de retardamento. Para demonstrá-lo examinarei agora brevemente todas as formas e tendências observáveis de inércia e/ou desaceleração social, esperando com isso produzir uma lista categorial exclusiva dos fenômenos em questão.

Demonstrarei abaixo que a desaceleração e a inércia estão analiticamente divididas em cinco formas diferentes. Elas atravessam diretamente as esferas de aceleração que foram identificadas no capítulo 1.

a) Limites de velocidade naturais

Primeiramente, é óbvio que existem limites de velocidade *naturais* ou *antropológicos*. Nós os encontramos em processos que, por princípio, não podem ser acelerados, sob pena de destruição ou de profundas alterações qualitativas. Dentre eles, encontramos muitos fatores físicos, como a velocidade da percepção e do processamento de nossos cérebros e corpos, ou o tempo que leva para a maioria dos recursos naturais se reproduzir. De modo similar, um dia ou um ano são definidos por eventos astronômicos; logo, eles não podem ser apressados, ainda que possamos manipular alguns processos que seguem um modelo de ciclo diário ou anual. Por exemplo, conseguimos reproduzir *luz e escuridão* artificiais num ritmo de 23h, induzindo assim as galinhas a produzir mais ovos. Por outro lado, todas as nossas tentativas de acelerar resfriados, gripes e gestações não foram nada bem-sucedidas até agora. Contudo, em geral, a Modernidade tem se mostrado espetacularmente eficiente em superar um amplo escopo de limites temporais aparentemente imutáveis ("naturais") – estando nos campos do transporte, da comunicação e da produção acima discutidos os exemplos mais proeminentes. Ademais, as tecnologias biogenéticas, de fato, são muitas vezes nada mais do que uma aceleração impressionante de formas conservadoras de cultivo.

b) Oásis de desaceleração

Em segundo lugar, existem "nichos" não só territoriais, mas também sociais e culturais – ilhas ou oásis ainda não tocados pelas dinâmicas aceleradoras da modernização. Eles foram simplesmente eximidos (de modo total ou parcial) do processo de aceleração, ainda que lhe sejam acessíveis *em tese*. Em lugares ou contextos como esses, o tempo parece "estar parado", como diz o ditado, e isso pode se referir, por exemplo, às ilhas esquecidas no meio do oceano, aos grupos socialmente excluídos ou seitas religiosas isoladas, como os *Amish*, ou ainda a formas particulares e tradicionais de prática social (como a produção de uísque num comercial famoso da marca *Jack Daniels*). Com efeito, existe hoje toda uma indústria comercial que faz deliberadamente "produtos do passado", ou seja, bens de consumo tradicionalmente cultivados ou confeccionados, que vendem justamente por sua promessa ou imagem de desaceleração, duração e estabilidade.

Todavia, a maioria desses *oásis de desaceleração* estão sob uma pressão cada vez maior de erosão na Modernidade tardia, a menos que sejam *deliberadamente protegidos* contra a aceleração e, desse modo, transitem para a categoria d) (discutida mais à frente).

c) Desaceleração como consequência disfuncional da aceleração social

Uma terceira categoria abrange fenômenos de *retardamento como consequência não prevista* de processos de dinamização e aceleração. Ela envolve frequentemente formas *disfuncionais* e *patológicas* de desaceleração, a mais conhecida dentre as primeiras sendo a do *engarrafamento no trânsito*, que produz uma paralisação derivada do fato de todos terem decidido se mover rapidamente. Dentre as desacelerações patológicas, algumas formas de *depressão* psíquica, segundo descobertas científicas recentes, poderiam ser compreendidas como reações individuais (retardadoras) a pressões intensas de aceleração (cf. LEVINE, 1997; diversos artigos da *Psychologie Heute*, 26, p. 3, 1999; EHRENBERG, 1999; BAIER, 2000, p. 146ss.). De forma notável, essas formas de depressão e de esgotamento [*burnout*] cresceram significativamente na última década [sic] (aproximadamente) em praticamente todas as partes da Modernidade globalizada (ROSA, 2009b).

Também é possível incluir nessa categoria os trabalhadores que são estruturalmente excluídos da esfera da produção, exclusão que muito frequentemente é consequência de eles não conseguirem acompanhar a flexibilidade e velocidade exigidas pelas economias ocidentais modernas, ou seja, eles são "desacelerados" porque não puderam atualizar sua competitividade. Os excluídos assim sofrem uma extrema "desaceleração" vivida sob a forma de desemprego de longo período (SENNETT, 1998, p. 159s.; JAHODA, 1988). Ademais, fenômenos de recessão econômica – devidamente chamados no mundo anglo-saxão de *economic slowdowns* (desacelerações econômicas) – também podem ser interpretados por esse caminho.

d) Desaceleração intencional

Em oposição às formas não intencionais de retardamento, há uma quarta categoria de *formas intencionais de desaceleração (social)*, que incluem movimentos ideológicos contra o processo acelerador da Modernidade e seus efeitos. Na verdade, tais movimentos têm acompanhado de um modo ou de outro todas as etapas da história da aceleração moderna, especialmente da *aceleração tecnológica*. Nesse sentido, a máquina a vapor, o sistema ferroviário, o telefone e o computador tanto quanto as novas biotecnologias foram todos igualmente recebidos com suspeita e mesmo hostilidade; e em todos os casos, até aqui, tais movimentos de oposição eventualmente foram derrotados (cf. LEVINE, 1997; SCHIVELBUSCH, 2000). Por isso, dentro desta categoria, precisamos distinguir dois tipos de desaceleração intencionalmente realizada:

1) Desaceleração funcional aceleradora

De um lado, temos tipos limitados ou temporários de desaceleração que visam preservar a capacidade dos sistemas aceleradores de funcionar e, portanto, de acelerar ainda mais em seguida. No plano individual, encontramos esse *tipo acelerador de desaceleração*, por exemplo, quando gerentes ou professores estressados *dão um tempo* em monastérios ou em cursos de yoga, que prometem uma "parada para descansar da corrida" apenas com o propósito de promover uma participação mais bem-sucedida nos sistemas de aceleração social depois disso. De modo similar, há uma legião de livros práticos que sugerem ir deliberadamente mais devagar com os processos de aprendizado e de trabalho, com o propósito de *aumentar* o volume geral de coisas aprendidas ou trabalhadas dentro de dado período, ou que recomendam pausas como meio de aumentar as capacidades e os poderes criativos de inovação[16].

---

16 Sobre esses *tipos aceleradores de desaceleração*, cf. Seiwert, 2000.

No plano social e político também, formas diferentes de "moratória" são de vez em quando sugeridas ou praticadas objetivando resolver alguns problemas ou obstáculos tecnológicos, políticos, legais, ambientais ou sociais, que atrapalham o caminho de processos renovados de modernização (cf. EBERLING, 1996).

2) Desaceleração ideológica (opositiva)

Por outro lado, há diversos movimentos sociais, muitas vezes fundamentalistas, a favor da desaceleração (radical), movimentos que muito frequentemente também possuem traços antimodernos. Isso dificilmente seria uma surpresa, dado o fato de que a aceleração parece ser um dos princípios mais fundamentais da Modernidade. Entre tais movimentos, encontramos religiosos fanáticos tanto quanto grupos *superecológicos*, politicamente ultraconservadores ou anárquicos. Nesse sentido, para o político e intelectual alemão Peter Glotz (1998), a desaceleração se tornou o novo foco ideológico para as vítimas da modernização.

Tal como vejo, porém, desconsiderar imediatamente o clamor por desaceleração como algo ideológico é um gesto perigosamente simplista, pois os tipos mais importantes de argumento em favor da desaceleração intencional são aqueles que seguem as linhas de pensamento da *desaceleração funcional*. A questão central aqui é que o enorme processo de aceleração que moldou a sociedade moderna foi firmemente guiado e possibilitado pela estabilidade ou inércia de algumas instituições modernas fundamentais – como o direito, a democracia, o regime industrial de trabalho – e talvez pela forma padronizada ou institucionalizada de biografia ou de currículo modernos, bem como pela instituição da família (ROSA, 2001; KOHLI, 1990; BONUS, 1998). Apenas dentro de uma moldura estável formada por essas instituições encontramos as condições necessárias para planejamento e investimento de longo prazo, e logo para aceleração de longa duração (cf. HARVEY, 1999; DÖRRE, 2009).

Além disso, como, por exemplo, Hermann Lübbe argumenta, as precondições da reprodução cultural em uma sociedade de aceleração fazem com que a flexibilidade em grande escala seja possível apenas tendo como base algumas orientações e instituições culturais que permaneçam estáveis e imutáveis. Em termos institucionais bem como individuais – ou estruturais tanto quanto culturais –, portanto, parece haver certos limites para a flexibilização e para a dinamização, limites que estão possivelmente sob perigo de erosão na Modernidade tardia, momento no qual a estabilidade das instituições estaria aparentemente em declínio (cf. LÜBBE, 2009). Logo, mais do que os radicais antimodernos, é bem possível que seja o próprio sucesso e ubiquidade da aceleração que prejudica e arruína as precondições para acelerar no futuro e para estabilizar a sociedade aceleradora. Assim, parece bem possível que a atual crise econômica seja justamente a dimensão manifesta das consequências desastrosas da tendência tardo-moderna de desprezar todas as instituições e regulações que poderiam garantir estabilidade (de infraestrutura, p. ex.) de longo prazo para planejamento e investimento: a lógica do capitalismo financeiro em geral e dos bancos de investimento em particular é extremamente míope e orientada para o curto prazo. Ela visa acelerar as taxas de rotação do capital a todo custo, erodindo assim as condições para investimentos econômicos estratégicos, de longo termo, "reais" e produtivos (cf. DÖRRE, 2009).

Nesse sentido, a desaceleração econômica e política sob certos aspectos pode se revelar uma necessidade operacional fundamental para a sociedade da aceleração e não uma reação ideológica contra ela.

e) O reverso da aceleração social: inércia estrutural e cultural

Por fim, e surpreendentemente, encontramos sinais de processos estranhos, ou então ao menos de percepções estranhas – na sociedade tardo-moderna sugerindo que, diante do fenômeno onipresente de aceleração e flexibilização (que cria a aparência de uma total contingência, de tudo ser opcional, de uma abertura infinita em relação ao futuro), de fato, nenhuma mudança "real" é mais possível, o sistema da sociedade moderna está se fechando e a história chega a um final que tem a forma de uma parada hiperacelerada ou de uma inércia polar. Os defensores desse diagnóstico a respeito das "sociedades de aceleração" tardo-modernas são Paul Virilio, Jean Baudrillard, Frederic Jameson ou Francis Fukuyama. Todos eles afirmam que não há novas visões e energias disponíveis para a Modernidade (donde a ausência mais notável de "energias utópicas") e, portanto, a enorme velocidade de eventos e de alterações apareceria como fenômeno meramente superficial, que mal cobre a inércia cultural e estrutural profundamente enraizada de nossa era[17]. Em particular, os princípios entrelaçados da competição, do crescimento e da aceleração parecem formar um "triângulo estrutural" amarrado tão firmemente que todas as esperanças de mudança cultural ou política parecem ser completamente fúteis. Logo, uma teoria sociológica da sociedade da aceleração precisa necessariamente considerar essa possibilidade de paralisação (extrema) em seu próprio esquema conceitual[18].

---

17 Virilio, 1997; 1998; cf. Baudrillard, 1994; Jameson, 1994; Fukuyama, 1992. Fukuyama, de fato, toma parte no discurso a respeito da "pós--história", que segue uma longa tradição remontando a Kojève e Hegel. Para o filósofo alemão Lothar Baier, em seus "dezoito ensaios sobre aceleração", mudanças e acelerações ocorrem apenas sobre a "interface do usuário" nas sociedades modernas, ao passo que as estruturas profundas permanecem imutáveis e inquestionáveis (2000).

18 Na próxima seção esboçarei minha própria explicação conceitual da relação entre essa última forma de desaceleração e o processo geral de aceleração social na Modernidade. Para uma análise sistemática e exaustiva dessa relação intrincada, cf. os últimos dois capítulos de Rosa 2005a.

4
Por que vivemos uma aceleração e não uma desaceleração

A questão fundamental que surge nesse ponto toca a natureza da relação entre os processos aqui delineados de aceleração e de desaceleração social na sociedade moderna. Como notei acima, duas grandes possibilidades são concebíveis: na primeira, as forças aceleradoras e desaceleradoras estão, no quadro geral, equilibrados, de modo que os dois tipos de mudança são encontrados dentre os padrões temporais da sociedade, sem que um tenha um domínio nítido e permanente sobre o outro; na segunda possibilidade, a balança tenderá efetivamente a dar primazia aos poderes da aceleração se for possível demonstrar que esses superam sistematicamente os vetores desaceleradores. Seria possível afirmar essa assimetria se as formas de desaceleração forem interpretáveis, seja como *residuais* ou como *reativas* em relação à aceleração social. Ora, a tese que desejo defender nesse ensaio é a de que esta segunda possibilidade é a correta, embora tal afirmação seja bem difícil de provar empiricamente.

Meu argumento se baseia nas duas hipóteses a seguir: em primeiro lugar, as formas de aceleração enumeradas acima são exaustivas para todos os fenômenos relevantes; em segundo, nenhuma delas chega a ser genuína e estruturalmente uma contratendência com a mesma força do impulso moderno em direção à aceleração. Examinemos essa última afirmação detalhadamente:

Os fenômenos listados sob as categorias de desaceleração a) e b) meramente denotam os limites (cada vez menores) da aceleração social, não constituindo de nenhum modo forças que lhe seriam contrárias. Todos os tipos desaceleradores da categoria c) são *efeitos* da aceleração e, por isso, aparecem como fenômenos derivados, secundários, do impulso acelerador. A categoria d1) identifica fenômenos que, em exame mais detalhado, acabam se revelando ou como elementos do próprio processo de aceleração ou ao menos precisam ser contados entre as *condições que possibilitam* (a continuidade das) acelerações sociais. A resistência intencional ao aumento de velocidade da vida e a ideologia da desaceleração (d2) são nitidamente *reações* contra a pressão das e pelas forças aceleradoras. Como apontado anteriormente, todas as principais tendências da Modernidade encontraram resistência considerável, e embora não haja garantia de que o resultado será sempre o mesmo, até o momento todas essas formas de resistência acabaram se revelando efêmeras e eventualmente inúteis. Assim, o único tipo de desaceleração que parece não ser residual ou derivativo é aquele que se refere aos processos desaceleradores delineados na categoria e). Essa dimensão desaceleradora parece ser com efeito uma característica complementar inerente à própria aceleração moderna; é o seu outro lado paradoxal, presente também em todas as outras forças definidoras da Modernidade. Afinal, a *individualização* produziu o medo de que a *cultura de massas* ou *sociedade de massas* erradicaria todas as formas de "verdadeira" individualidade; a *domesticação da natureza* produziu o medo da *destruição da natureza* (ou *pela natureza*); a *racionalização* produziu o medo de uma crescente *irracionalidade geral* ou de uma "jaula de aço"[19]; e, por fim, a *diferenciação* produziu o medo de *desintegração* (cf. ROSA, 2005a, p. 105ss.; VAN DER LOO; VAN REIJEN, 1997). Nesse sentido, a "inércia polar" (VIRILIO, 1998) não é tendência oposta, mas uma *característica inerente* à aceleração.

O medo de uma suspensão fundamental do tempo em alta velocidade acompanha a sociedade moderna constantemente; ela motivou as enfermidades culturais da *acedia*, da *melancolia*, do *tédio*, da *neurastenia*, bem como as muitas formas atuais de *depressão*. A experiência da inércia, na minha interpretação, surge ou se intensifica quando mudanças e dinâmicas no âmbito da vida de um indivíduo ou do mundo social (i. é, na *história* coletiva ou individual) não são mais vividas como ele-

---

19 Trata-se de uma referência à expressão *stahlhartes Gehäuse*, cunhada por Max Weber ao final de seu célebre livro *A ética protestante e o espírito do capitalismo*, para retratar como o processo contínuo de racionalização da vida moderna terminava por constituir uma espécie de jaula ou "habitáculo duro como aço", na tradução de Michael Löwy, dentro do qual o ser humano, longe de conquistar sua autonomia diante da natureza, ficaria ainda mais refém das forças incontroláveis do crescimento econômico autonomizado [N.T.].

mentos de uma cadeia significativa e direcionada de desenvolvimentos, ou seja, como elementos de "progresso", mas sim como movimentos frenéticos e sem direção. Desse modo, *as mudanças dinâmicas* são percebidas quando episódios de transformação se somam a uma história (narrativa) de crescimento, progresso ou história, ao passo que a percepção da *suspensão* deriva da experiência de episódios de alteração, transformação ou variação desprovidos de sentido, aleatórios e desconectados. Para esse modo de perceber, as coisam mudam, mas não se desenvolvem, não vão "para lugar nenhum". Assim, o que talvez levaria à patologia da depressão no plano individual levaria igualmente à sensação de um "fim da história (direcionada)" na cultura e na percepção coletiva do tempo. A meu ver, essa transição entre a experiência cultural dominante de mudança direcionada (progresso) e essa percepção de movimentos frenéticos atomizados é um dos critérios definidores centrais da passagem da Modernidade clássica à Modernidade tardia (cf. ROSA, 2005a, p. 428s.; 2007).

Todavia, a essa altura já conseguimos determinar o estatuto, a relevância e a função dos poderes desaceleradores na sociedade moderna como elementos *secundários* diante das forças dominantes da aceleração social. Há uma assimetria estrutural inegável entre o vetor acelerador e o vetor desacelerador na Modernidade e, portanto, a modernização pode ser corretamente interpretada como um processo incessante de aceleração.

5
Por que isso importa?

Aceleração e transformação de nosso "ser no mundo"

Se a análise apresentada aqui está correta, é óbvio por que uma teoria sociológica da Modernidade deveria lhe dar atenção: nossa compreensão da sociedade moderna e dos processos de modernização seria fundamentalmente incompleta se não levássemos em conta as mudanças nos padrões e estruturas temporais da sociedade. Mais do que isso, falhamos em compreender do que a Modernidade se trata se permanecemos alheios às dinâmicas aceleradoras que residem no coração da sociedade moderna. Mas por que a aceleração social seria relevante para a filosofia social, ou seja, para uma análise das condições normativas, das qualidades e patologias potenciais da vida moderna?

É da maior relevância, gostaria de responder, em primeiro lugar porque a sociedade moderna não é regulada e coordenada por normas explícitas, mas pela *silenciosa força normativa* das regras temporais que surgem sob a forma de prazos, cronogramas e limites de tempo. Nesse sentido, como tentarei mostrar no capítulo 9, as forças da aceleração, embora sejam desarticuladas e completamente despolitizadas para se disfarçarem de fatores naturais, exercem uma pressão uniforme sobre os sujeitos modernos e chegam a constituir assim uma espécie de totalitarismo acelerador.

A aceleração é relevante para a filosofia social porque, em segundo lugar, o regime acelerador da Modernidade transforma, em geral sem que seus atores saibam disso, nossa relação humana com o mundo enquanto tal, isto é, com outros seres humanos e com a sociedade (*o mundo social*), com o espaço e o tempo, bem como com a natureza e o mundo dos objetos inanimados (*o mundo objetivo*). Assim, no final, a aceleração transmuta as formas de subjetividade humana (*mundo subjetivo*) e de nosso "estar no mundo" também (cf. Figura 5 para uma ilustração dos poderes transformadores da *aceleração tecnológica*). Em todos esses aspectos, as relações mudam e podem se tornar problemáticas em razão do aumento de velocidade. Mas se a promessa e o projeto da Modernidade e do Iluminismo culminam na ideia de autodeterminação humana, ou seja, na promessa de autonomia individual e coletiva, a filosofia social certamente precisa prestar atenção ao processo descontrolado que até o momento não foi percebido por aqueles que refletem sobre a qualidade da vida, sobre os princípios de uma sociedade justa e sobre as patologias da vida moderna.

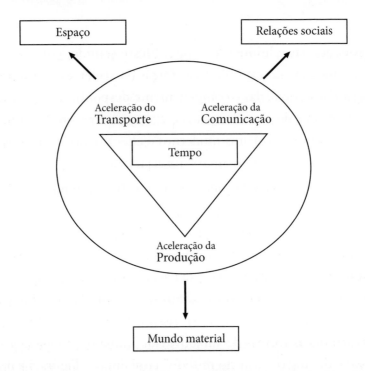

Figura 5 – Aceleração tecnológica e transformação de nossa *Weltbezüge*. Consequentemente, a aceleração social acarreta mudanças na nossa relação com os *mundos* objetivo, social e *subjetivo*.

Como já vimos, enquanto o tempo parece se mover cada vez mais rápido e se tornar um bem escasso na vida moderna, o espaço parece literalmente "diminuir" ou se contrair. Ele perde seu sentido de vastidão e de resistência: os viajantes modernos lutam com agendas, horários de transferência, congestionamentos e atrasos, não com obstáculos espaciais. Conforme os custos monetários e temporais para atravessar territórios ficam menores – e os custos de oportunidade também, uma vez que hoje podemos utilizar todas as mídias modernas para realizar nossos negócios cotidianos enquanto viajamos –, o espaço perde sua importância primária para a maior parte das ações e interações sociais. Essa insignificância "material" do local e do espacial pode inclusive fazer com que qualidades secundárias do espaço ganhem mais relevância, o que no fim confirma, e não contradiz, essa tendência. Por exemplo, uma vez que não importa economicamente onde se abre um *call-center*, é possível instalá-lo sem problemas numa região ambientalmente atrativa.

Ora, o fato de a proximidade espacial não ser mais necessária para manter relações íntimas tem implicações significativas para os elos sociais que as pessoas criam e, portanto, para as estruturas do mundo social também. Estar próximo ou distante em termos sociais ou emocionais não é mais algo relativo a distância espacial, o que significa que nosso vizinho pode ser um completo estranho para nós, ao passo que uma pessoa do outro lado do mundo pode ser nosso parceiro mais íntimo. Ademais, a contração do presente (ou seja, de períodos de estabilidade) no que diz respeito às relações que temos com os outros e o vasto aumento de contatos sociais que as pessoas têm principalmente por meio das mídias modernas de comunicação, mas não apenas com elas, produz aquilo que Kenneth Gergen definiu como "eu saturado"[20]. Como Georg Simmel

---

20 "Novas tecnologias possibilitam manter relacionamentos – direta ou indiretamente – com um conjunto de pessoas cada vez maior. Sob muitos aspectos, estamos atingindo o que pode ser considerado como uma saturação social. Dificilmente mudanças dessa magnitude se autolimitam. Elas tendem a reverberar pela cultura, acumulando-se devagar até que um dia fiquemos chocados ao perceber que fomos deslocados e que não podemos recuperar o que foi perdido [...]. Com a saturação cada vez mais intensa da cultura, porém, todos os nossos antigos pressu-

já havia notado em sua reflexão sobre a vida metropolitana de 1903, deixamos e encontramos tantas pessoas, estabelecemos redes de comunicação tão vastas, que é impossível se relacionar emocionalmente com todas ou com a maioria delas. Muito raramente encontramos alguém que poderia realmente testemunhar nossa vida biográfica em sua totalidade – algo que também impacta as formas modernas de subjetividade (SIMMEL, 1903; 1971).

Quando se trata do mundo subjetivo, o fato de os parâmetros estruturais e culturais decisivos da esfera social mudarem em velocidades maiores do que o ritmo da transição geracional – ou seja, a sociedade não permanece mais estável nem mesmo ao longo da vida de um indivíduo – tem consequências profundas para os padrões dominantes de identidade e de subjetividade. Como argumentei em outro trabalho (ROSA, 2002), o sentido moderno "clássico" da identidade, baseado num "plano de vida" individual e numa autodefinição enraizada em "avaliações fortes" capazes de orientar o curso de uma vida, tende a ser substituído por novas formas flexíveis de "identidade situacional", que aceita a temporariedade de todas as autodefinições e parâmetros identitários, não tenta seguir mais um plano de vida, mas procede "surfando as ondas": sempre que aparece uma nova oportunidade atraente, a pessoa deve estar preparada para aproveitá-la. Como diz Kenneth Gerben, trata-se da "diferença entre nadar deliberadamente até um ponto no oceano,

---

postos sobre a subjetividade são perturbados; padrões tradicionais de relacionamento se tornam estranhos. Uma nova cultura está se formando" (GERGEN, 2000, p. 3, cf. p. 61s. e 49s.).

controlando as ondas para alcançar um objetivo e flutuar harmoniosamente com os movimentos imprevisíveis do fluxo do mar" (GERGEN, 2000, p. XVIII).

Por fim, o incrível aumento da velocidade da produção transformou fundamentalmente a relação entre os seres humanos e seus entornos materiais: de fato, trocamos as estruturas materiais de nosso mundo da vida (os móveis e a cozinha, os carros e os computadores, as roupas e os alimentos, a aparência de nossas cidades, escolas e escritórios, as ferramentas e instrumentos com os quais trabalho etc.) tão velozmente que poderíamos quase falar de "estruturas descartáveis". Isso é muito diferente de um mundo pré-moderno que geralmente trocava as coisas só quando elas quebravam ou se tornavam disfuncionais e que regularmente as trocava ou reproduzia de forma mais ou menos idêntica. Por outro lado, como já notava Karl Marx, no mundo moderno, o consumo físico foi substituído pelo consumo moral: quase sempre trocamos as coisas *antes* de elas quebrarem porque os índices elevados de inovação as tornaram desatualizadas e "anacrônicas" muito antes de seu tempo físico se esgotar. Nesse sentido, nossa relação com o mundo dos objetos é profundamente transformada pelas velocidades crescentes da Modernidade.

Curiosamente, no processo de aceleração, parece que nossa percepção da história biográfica e coletiva também vai mudando: a Modernidade clássica começou quando a mudança social se tornou suficientemente rápida para que os atores sociais percebessem que o passado era diferente do presente e que o futuro presumivelmente seria diferente do presente também.

Por causa disso, a história parecia ter uma direção, modelos de progresso (individual e político) se tornaram abundantes e as narrativas históricas assumiram a forma de histórias de *progresso*. Em contraste, a Tardo-modernidade começa quando a velocidade das mudanças sociais alcança um ritmo intrageracional de transformação: como tentei argumentar acima, nesse mundo, a impressão deixada por mudanças aleatórias, episódicas ou mesmo frenéticas substitui a noção de progresso ou de história direcionada; os atores sociais vivenciam sua existência individual e política como algo volátil, sem direção, ou seja, num estado de suspensão hiperacelerada. No plano individual podemos ver essa mudança em entrevistas narrativas, quando as pessoas contam suas vidas como uma sequência de episódios sem inter-relação (na vida familiar e profissional, com lugares e convicções mutáveis) em vez de produzir histórias de crescimento, maturação e progresso (cf. GERGEN, 2000; SENNETT, 1998; KRAUS, 2002). Mais curiosamente ainda, na esfera política nossa sensação de uma sequência "propriamente" histórica de desdobramentos também parece prejudicada: por exemplo, no final dos anos de 1990, pessoas comuns bem como cientistas e políticos aparentemente estavam de acordo sobre o "fato" de que experiências como *pirataria* e *tortura* eram coisas do passado, mesmo quando elas vinham à tona no mundo atual; ao passo que *democracia* e *Estado de Bem--estar Social* eram experiências do presente e ainda mais do futuro – mesmo quando e onde elas (ainda) não prevaleciam. Consideremos as mesmas questões vinte anos mais tarde, em 2010: temos muito mais incerteza a respeito do caráter "pretérito" da pirataria e da tortura; quando folheamos os jornais, eles parecem mau agouro das coisas por vir, enquanto cientistas e políticos (e pessoas comuns) igualmente nos dizem que o clássico estado de bem-estar tal como o conhecemos é algo do passado, não podemos mais sustentá-lo; similarmente, ao menos para uma perspectiva não europeia, a democracia parece ser irremediavelmente lenta e ineficiente para lidar com problemas do século XXI. Quando comparada aos sistemas (semi)autoritários estabelecidos na Rússia ou no Sudeste Asiático, é bem possível que estejamos nos aproximando de uma era "pós-democrática". Contudo, meu argumento aqui não é tanto dizer que a ordem se inverteu ou é diferente daquela que esperávamos há vinte anos, mas sim que a direção da história se tornou algo *incerto* para nós. Todas essas experiências, da pirataria à democracia, são potencialidades do mundo e, episodicamente, elas aparecem e desaparecem. Por certo, isso nos lembra o mundo pré-moderno, antes de existir uma "história no singular", da qual Reinhard Koselleck nos fala (2009). É nesse sentido, quero registrar, que podemos falar de um "fim da história".

Em resumo, a aceleração social produz novas experiências do tempo e do espaço, novos padrões de interação social e novas formas de subjetividade; por consequência, ela transforma o modo como os seres humanos são definidos ou *situados* no mundo – e o modo como eles *se movem* ou *se orientam* nele. Isso, obviamente, não é em si mesmo nem bom, nem ruim, apenas nos aponta um desdobramento que em larga medida passou despercebido pela filosofia social. Porém, mudanças dessa magnitude certamente trazem consigo o potencial para criar patologias sociais, isto é, desenvolvimentos disruptivos que causam sofrimento humano e/ou infelicidade. Como teórico crítico, é para essa dimensão que eu gostaria agora de me voltar, pois acredito que a tarefa e a responsabilidade central da teoria social é identificar as origens do sofrimento social. Na segunda parte deste livro focalizarei as consequências da velocidade entre as versões hoje dominantes da teoria crítica. Na terceira e conclusiva parte trarei mais elaborações sobre os processos de transformação cuja apresentação foi esboçada neste capítulo, tentando defender a tese de que, em cada dimensão do problema (ou seja, do mundo social, objetivo e subjetivo), a velocidade carrega um potencial significativamente *alienante*.

Segunda parte

A aceleração social e as versões contemporâneas da teoria crítica

6
Exigências de uma teoria crítica

Se, como afirmei desde o início, meu objetivo é delinear os princípios de uma teoria crítica da aceleração social, terei de considerar primeiro quais são as exigências para uma teoria crítica em versão contemporânea. Quero fazer isso – muito brevemente – neste capítulo.

Para mim, essa versão contemporânea da teoria crítica deve ser fiel às intenções originais dos pais fundadores dessa tradição – de Marx a Horkheimer, Adorno e Marcuse, mas também Walter Benjamin, Erich Fromm até Habermas e Honneth –, sem ficar muito amarrada e amordaçada por considerações metodológicas que, aliás, nunca deixaram de ser questionadas dentre os próprios escritores da Escola de Frankfurt e que, por outro lado, talvez não sejam mais adequadas para uma análise da sociedade contemporânea. De fato, a convicção de que o método e mesmo a verdade estão sempre vinculados e limitados historicamente, ou seja, de que não há veracidade epistemológica a-histórica, e de que todas as formas de análise teórica devem estar intimamente conectadas com as formas mutáveis de prática social – uma concepção de importância fundamental para essa tradição de pensamento[21] – exigem que novas abordagens de teoria crítica não repitam ou sigam cegamente as percepções metodológicas e teóricas de antigamente. Mas quais são as intenções orientadoras da teoria crítica? Aqui, concordo com a sugestão de Axel Honneth de que a identificação das patologias sociais é um objetivo global não só da teoria crítica, mas da filosofia social em geral. Ora, para teóricos críticos, tais patologias não podem ser compreendidas apenas como distorções funcionais ou como operações disfuncionais da sociedade que ameaçam a reprodução (material e/ou simbólica) do mundo social, pois isso anularia a possibilidade de ruptura e transformação (revolucionária) nessa mesma reprodução. Em vez disso, os autores dessa corrente filosófica foram sempre igualmente motivados por considerações normativas. As normas que são aplicadas para julgar as instituições e estruturas sociais, porém, não podem ser obtidas de um ponto de vista extrassocial, a-histórico. Bem pelo contrário, para mim, é o sofrimento humano real que seria o ponto de partida normativo para os teóricos críticos. Assim, essas bases normativas se colocam firmemente dentro da experiência concreta dos atores sociais. Vale dizer, todavia, que sofrimento não é idêntico à oposição consciente. Por isso, é sempre possível que esses atores sociais sofram sem sabê-lo nitidamente: é aqui que teorias da *falsa consciência* e críticas da

---

21 Para uma reconstrução mais extensa da tradição da teoria crítica e de seus princípios fundadores, cf. Gertenbach e Rosa, 2009.

ideologia intervêm. Evidenciaremos mais à frente em que sentido minha reintrodução do conceito de alienação retoma essa tradição. Entretanto, o progresso do debate acerca dessas questões não deixa dúvida de que noções de sofrimento e alienação não podem ser determinadas de fora, com referência a alguma essência ou natureza humana: no século XXI, tais noções só podem ser aplicadas quando estão fundadas em percepções, convicções e ações (contraditórias) dos próprios atores sociais.

Como tentei mostrar em outros trabalhos (ROSA, 2009), a rota mais promissora para uma versão contemporânea da teoria crítica reside numa avaliação crítica das práticas sociais à luz de conceitos do que seria a boa vida elaborados pelos próprios atores sociais. Por isso, minha convicção (derivada, em grau considerável, das obras do filósofo canadense Charles Taylor (cf. em detalhe, ROSA, 1998)) é a de que os sujeitos humanos em suas ações e decisões são sempre guiados por algum conceito (consciente e reflexivo ou implícito e desarticulado) de *boa vida*. Só podemos funcionar como atores humanos se tivermos alguma noção acerca do lugar para onde deveríamos caminhar e do que constitui uma vida boa e significativa. Por isso, a rota mais promissora para uma teoria crítica que não parte de uma ideia de natureza ou essência humana, mas dos sofrimentos socialmente infligidos sobre pessoas reais, reside numa comparação crítica entre esses conceitos de bem e as práticas e instituições sociais concretas. Assim, as condições sociais que levam estruturalmente os sujeitos a perseguir bens que eles necessariamente fracassam em obter sob essas mesmas condições certamente precisam ser alvo primário da crítica social. Desse modo, as ideias de liberdade e autonomia (tanto individual quanto coletiva) no sentido de autodeterminação da forma de vida que adotamos e a luta por se emancipar dos obstáculos políticos, estruturais e institucionais, e realizar essa autonomia, que sempre foram centrais na tradição da teoria crítica, não precisam ser justificadas com princípios normativos universalistas: a promessa de autonomia e autodeterminação – a ideia de que os indivíduos devem ter o direito e a chance de encontrar um modo de vida que ("autenticamente") atendam a seus desejos, aspirações e capacidades, e de que, para esse fim, a comunidade política deve ser organizada democraticamente e possibilitar uma formação política coletiva da sociedade – são o coração da Modernidade, elas formam – para usar um termo habermasiano – o núcleo do "projeto moderno". Logo, as condições sociais que prejudicam nossa capacidade de autodeterminação, que afetam nosso potencial para a autonomia individual e coletiva, podem e devem ser identificadas e criticadas, uma vez que impedem sistematicamente as pessoas de realizar seus ideais de bem.

Ao adotar essa estratégia, por fim, a abordagem aqui sugerida satisfaz igualmente duas exigências adicionais da teoria crítica. Primeiro, ela cumpre o critério de "transcendência intramundana" formulada, por exemplo, por Axel Honnet (2007). Nesse modelo de pensamento, os próprios atores sociais ainda têm uma noção do que seria uma melhor forma de vida e de sociedade; eles revelam uma sensibilidade às patologias que os teóricos críticos buscam apontar e até mesmo certo conhecimento acerca dos possíveis caminhos para superá-los na sua prática cotidiana. Isso ocorre porque é inconcebível uma dissociação completa e duradora entre os conceitos de bem e as práticas cotidianas dos atores sociais – exceto se eles viverem sob um regime de puro terror. Bem pelo contrário, as instituições e estruturas sociais são normalmente legitimadas pelas concepções de bem que, para os atores sociais, dão sentido ao funcionamento delas. Unicamente por isso, minha versão de teoria crítica também conserva uma noção de vida social como totalidade no sentido de sociedade como um todo unificado: se, por um lado, não só os neoliberais, mas também muitos pós-estruturalistas e desconstrutivistas recentemente questionaram o fato de que a sociedade poderia ser apreendida sociologicamente como uma formação integrada governada por algumas leis ou estruturas unificadoras – assim espelhando o famoso *dictum* de Margaret Thatcher de que "não existe sociedade", mas apenas uma miríade de indivíduos (ou famílias) e ações bastante contraditórias –, a teoria crítica sempre sustentou que tais estruturas, instituições e ações constituem unidades integradas no sentido de uma formação social e que é precisamente a tarefa da teoria identificar e analisar criticamente as leis e forças que governam essas formações. Por isso, afirmo que um dos méritos de uma teoria crítica da aceleração social seria ser capaz de explicar a transformação dos regimes de produção e consumo da Modernidade – desde o início da era moderna à Modernidade clássica, fordista, chegando até o período tardo-moderno – e ir até mesmo além, explicando a formação da identidade e a cultura política como consequências mais ou menos inevitáveis de uma contínua aceleração social. Desse modo, como dito acima, na minha concepção, a história da modernização é justamente a história desse processo de aceleração incessante que transforma progressivamente a sociedade num processo de múltiplos estágios.

Entretanto, para leitores familiarizados com os atuais debates da teoria crítica, isso pode parecer bem extravagante, uma vez que as versões contemporâneas mais bem-sucedidas dessa tradição – aquelas advogadas respectivamente por Jürgen Habermas e Axel Honneth – identificam dois candidatos bem diferentes para a totalidade social: para o primeiro, a "síntese" de qualquer sociedade reside em suas relações de comunicação e no mundo da vida comunicativamente construído, ao passo que, para o segundo, são as relações de *reconhecimento social* que formam a base da sociedade. Por isso, a seguir, tentarei discutir brevemente a ligação entre essas abordagens e minha noção de aceleração social. De fato, uma vez que tal aceleração não é uma substância, mas um processo, não sustento, obviamente, que ela forma a base, ou *síntese*, da sociedade moderna, mas sim a sua *dynamis*, sua força motriz e sua lógica ou lei de mudanças. Portanto, embora eu não questione que as condições de interação (comunicativas ou recognitivas) formem a base da sociedade, afirmo que ambas não podem ser propriamente analisadas e compreendidas sem que se leve em conta a dimensão dinâmica e as forças propulsoras da aceleração social.

7
Aceleração e "crítica das condições de comunicação"

Para Jürgen Habermas, em seu livro mais influente, *Teoria da ação comunicativa* (HABERMAS, 1984, 1989), as patologias sociais surgem de distorções sistemáticas nas condições de comunicação. Logo, para ele, a tarefa e o propósito da teoria crítica seria identificar todas as forças (estruturais) dessas distorções. Mesmo que essa teoria e suas justificativas sociológicas e metalinguísticas sejam bastante complexas – e discutíveis nos detalhes –, a ideia básica é tão simples quanto convincente. Para Habermas, o *poder* bem como o *conhecimento* – ou as normas tanto quanto as alegações de verdade – só podem ser justificados quando são (ou podem ser reconstruídas como) resultados de um discurso livre de relações de poder distorcidas, isto é, um discurso no qual todos os argumentos podem ser formulados e deliberados unicamente na base e na lógica da "força da melhor argumentação".

Ora, é praticamente autoevidente que a formulação, triagem e mensuração coletiva dos argumentos é um processo que consome tempo. Isso é verdade para o mundo da ciência, em que se poderia argumentar que a velocidade e sucessão de conferências e de artigos é tão alta e – o que é muito pior – o número de textos, livros e revistas publicados é tão excessivo que as pessoas produzindo ensaios e apresentações na era do "publique ou pereça" dificilmente encontram tempo suficiente para desenvolver propriamente seus argumentos, ao passo que as pessoas lendo e ouvindo estão perdidas numa legião de publicações e apresentações repetitivas e meio cruas. Estou firmemente convencido de que, ao menos nas Ciências Sociais e nas Humanidades, atualmente, dificilmente haveria uma deliberação comum a respeito da força de convencimento dos melhores argumentos, mas sim uma corrida apressada, incontrolável e insensata por mais publicações, conferências e projetos de pesquisa cujo sucesso é baseado em estruturas de *networking* mais do que na força argumentativa.

Mas no mundo político a situação é ainda pior. Como Habermas (1992) e aqueles que o seguem no propósito de desenvolver conceitos de uma democracia deliberativa já evidenciaram suficientemente, a força política na Modernidade só pode ser legítima quando ela resulta de um processo democrático de múltiplas dimensões, que necessita de muitas arenas e filtros. Não apenas todos os grupos sociais, mas, no fim das contas, todos os indivíduos devem ter a chance de formular reivindicações e argumentos. Num processo de deliberação e representação, os argumentos políticos devem ser gradualmente filtrados e canalizados conforme ascendem, até que possam se transformar em leis coletivamente aplicáveis. Porém, mesmo que alguém não concorde estritamente com Habermas, é inegável que a democracia é um processo que consome tempo: a formação democrática (deliberativa) da vontade e da tomada de decisão requer a identificação e a organização de todos os grupos envolvidos, a formulação de programas e argumentos, a constituição de vontades coletivas e, por fim, a busca social pelos melhores argumentos. Em condições tardo-modernas de pluralismo pós-convencionalista e complexidade global, tal processo, de fato, toma ainda mais tempo: mais pessoas e grupos estão concernidos, menos coisas podem ser consideradas evidentes e um número maior de visões e necessidades diversas precisa ser levado em conta. Ademais, as consequências e os antecedentes condicionais das decisões se tornam mais complexas.

Contudo, no processo de aceleração social acima descrito, os recursos de tempo à disposição da política estão diminuindo, não aumentando – dada a alta velocidade da inovação tecnológica, das transações econômicas e da vida cultural, mais decisões devem ser tomadas em menos tempo, ou seja, a tomada de decisão segue um ritmo mais forte (cf. em detalhe ROSA, 2005b; SCHEURMAN, 2004; ROSA; SCHEUERMAN, 2009). Por isso, os horizontes e os padrões de tempo da formação da vontade democrático-deliberativa e da esfera tecnológica, científica, econômica e cultural divergem em direções opostas. O resultado parece evidente: na Tardo-modernidade, não é mais (se é que já foi) a força do melhor argumento que decide as políticas futuras, mas o poder dos ressentimentos, das emoções instintivas, das metáforas e imagens sugestivas. Sem dúvida, imagens são mais rápidas do que palavras, para não falar de argumentos, e exercem efeitos instantâneos, se não em larga medida inconscientes. O melhor argumento se torna impotente diante das ondas dinâmicas de formação da opinião: à luz desse fenômeno, não é por acaso que estrelas da mídia como Arnold Schwarzenegger, Nicolas Sarkozy ou Silvio Berlusconi ganhem cargos e poder; e que pareça haver uma "virada atlética" na política: a vitória nas eleições é conquistada pela "simpatia" dos políticos e movimentos, não por conceitos e programas minuciosos ou argumentações complexas. As afinidades eleitorais se tornaram altamente voláteis e dinâmicas também: as maiorias são construídas pela fabricação ou manipulação de eventos, não por argumentos. Claro que, em certo sentido, a democracia é capaz de ser mais rápida também: com o poder de pesquisa de opinião (instantânea) feita por computador, rádio ou televisão, as maiorias políticas podem ser formadas dentro de segundos. Mas elas não refletem nenhum processo de deliberação no qual os argumentos poderiam ser formulados, deliberados, pesados e testados. Muito pelo contrário, elas refletem reações instintivas que são ampla ou *completamente imunes ao poder dos melhores argumentos.* Em suma: pode muito ser que as palavras, ou mais ainda os argumentos (ou, como MYERSON, 2001, p. 46; cf. ROSA, 2005a, p. 249s.) especula, até mesmo a mídia do próprio *sentido)* se tornaram *lentos demais* para a velocidade do mundo tardo-moderno. Por isso, os padrões capitalistas de alocação de recursos se tornaram mais ou menos inacessíveis ou imunes a reivindicações de justiça. Se, por um lado, é extremamente difícil testar argumentos a favor ou conra certos modelos de distribuição, por outro, esses mesmos modelos são simplesmente feitos e refeitos, em velocidades de tirar o fôlego, pelo fluxo das correntes socioeconômicas. Não tenho nem tempo, nem espaço ou nervos para abordar esse problema mais profundamente aqui, mas me parece óbvio que qualquer pessoa partilhando a preocupação básica de Habermas com as condições de comunicação e tendo as condições de comunicação como ponto de partida da teoria crítica deveria prestar muita atenção às estruturas temporais dessas condições.

8
Aceleração e "crítica das condições de reconhecimento social"

Curiosamente, enquanto o conceito habermasiano de sociedade justa (e racional) tem nitidamente limites de velocidades embutidos, a visão de Axel Honneth (1996) a respeito de uma vida social baseada em padrões justificáveis de reconhecimento mútuo não é limitada pelo tempo da mesma forma: a comunicação consome tempo, o reconhecimento não, ao menos não necessariamente. Contudo, é inegável que uma teoria crítica do reconhecimento social, no longo prazo, também não pode deixar de considerar os efeitos (e as causas) da aceleração social. Muito pelo contrário, acredito que, se Honneth e seus seguidores não o fizerem, permanecerão cegos para os modos como as condições de reconhecimento social se transformam na sociedade contemporânea e para os efeitos colaterais perturbadores dessas transformações também.

Em primeiro lugar, uma vez que a velocidade como norma social hegemônica está completamente "naturalizada" na sociedade moderna – as normas e estruturas temporais aparecem simplesmente "dadas", elas nunca são percebidas como algo socialmente construído e politicamente negociável – ela serve para distribuir os reconhecimentos e não reconhecimentos legítimos: os rápidos ganham no fim, os lentos ficam para trás e perdem. Ademais, ao contrário da suposição de Honneth segundo a qual o não reconhecimento estruturalmente causado cria indignação e fúria, aqueles que sofrem desse mal nessa sociedade veloz raramente sentem que estão sofrendo alguma *injustiça*. Uma vez que a competição está intrinsecamente amarrada à velocidade pela definição de "realização" discutida no capítulo 2 e uma vez que a competição é considerada um mecanismo legítimo de alocação de recursos, ao menos na esfera econômica, aqueles que ficam para trás não têm ninguém para culpar, exceto a si mesmos. Entretanto, como já argumentei acima, essa lógica da competição e realização é uma força motriz nuclear da aceleração social. Por causa disso, a luta por reconhecimento na sociedade moderna se tornou um jogo de velocidades também: dado que ganhamos estima social por meio da competição, a velocidade é essencial para o mapa recognitivo dessas mesmas sociedades modernas. Temos de ser rápidos e flexíveis para conquistar (e preservar) reconhecimento social, ao mesmo tempo em que, por outro lado, nossa luta para que sejamos reconhecidos impulsiona incessantemente as rodas da aceleração.

Consideremos a diferença entre modelos contemporâneos de reconhecimento ou medo de não reconhecimento e modelos da era pré-moderna. Numa sociedade estratificada, baseada na propriedade da terra, as normas de alocação e reconhecimento eram prefixadas. As posições, privilégios, estados e reconhecimentos que uma pessoa conquistava eram mais ou menos definidas pelo nascimento dela. Um rei, um duque, um soldado ou um peão: todos tinham uma cota predefinida (*status*, direitos, privilégios, deveres) num mapa de atribuições que era estruturado quase ontologicamente. Por isso, uma pessoa poderia ser *excluída* de muitos bens ou privilégios, e essa exclusão decorria de modos (ontologicamente fundamentados) do mundo. Uma luta por reconhecimento (no mundo macrossocial) só era possível como uma luta *contra* as estruturas sociais existentes e, portanto, provavelmente não era parte das considerações do dia a dia.

Numa sociedade moderna, em contraste, a posição de uma pessoa no mundo não está prefixada. O mapa de atribuições e reconhecimentos é redesenhado de acordo com a posição que ela conquista para si mesma. O *status*, os privilégios, a estima e a riqueza que você recebe depende de suas realizações. Aqui, as "posições do mundo" são (ao menos em princípio) distribuídas numa luta competitiva. Isso requer a "dinamização" do mundo: empregos e estruturas familiares, bem como "posturas" religiosas e políticas (ou seja, crenças e atitudes) não são simplesmente herdadas dos pais; as gerações são consideradas como portadoras de inovação. Os filhos (e posteriormente as filhas também) são livres para encontrar sua própria profissão, fazer sua própria família e definir seus próprios posicionamentos na religião e na política etc. Consequentemente, o reconhecimento é distribuído *post-factum*, de acordo com o mapa posicional que resulta do jogo competitivo. Os temores de falta de reconhecimento estão, portanto, centrados na falha em alcançar a posição desejada: uma pessoa pode não ficar com o emprego, o cônjuge, os filhos, a casa ou o carro pelos quais ansiava. As lutas por reconhecimento, por sua vez, tornaram-se ou disputas por uma posição melhor ou por uma redefinição do mérito e do valor relativo das posições.

Contudo, conforme o processo de aceleração social passa do ritmo geracional para o ritmo intrageracional de mudanças sociais – ou seja, conforme se passa da Modernidade clássica para a Tardo-modernidade no sentido definido anteriormente –, a luta pelo reconhecimento se transforma novamente. Hoje em dia não basta alcançar posições previamente fixadas num jogo competitivo: empregos e famílias não duram a vida toda, nem filiações políticas ou religiosas. Assim, não basta *ser* um gerente, um editor ou um professor (na parte mais alta dos estratos sociais) ou um auxiliar de limpeza, guarda de segurança ou porteiro (na parte mais baixa): o reconhecimento (e tudo que está implicado nele: riqueza, segurança, privilégios etc.) é distribuído de acordo com a *performance*: um gerente que tem más *performances* à luz dos relatórios trimestrais, um editor cujos índices de audiência estão em queda ou um professor que não publica regularmente em revistas do mais alto prestígio perdem terreno incessantemente – e podem ser dispensados mais cedo ou mais tarde. E até mesmo a equipe de limpeza ou da portaria trabalha em contratos temporários e ganham novos contratos conforme sua *performance*. Nesse sentido, a luta por reconhecimento deixa de ser a respeito da posição para ser uma questão de *performance*; ter sucesso nessa luta não é mais a conquista de uma vida, mas sim algo cada vez mais disputado a cada dia. Os triunfos e êxitos de ontem não contam muito amanhã. O reconhecimento não acumula mais – ele está sempre sob o risco de ser completamente desvalorizado pelo constante fluxo de eventos e pelas flutuações da paisagem social. As posições que se têm importam por darem chances de ganhar ou manter prestígio social, mas elas nunca são conquistadas de vez e nunca se pode ter certeza de que elas ainda terão valor amanhã.

Como consequência, nessa disputa excessivamente dinâmica por reconhecimento, também não é mais factível para os indivíduos sustentar "posições de vida" no mundo das ideias. Como sabemos por dados de pesquisa sobre cultura política e mudanças eleitorais, a volatilidade política está em ascensão: as pessoas não são mais simplesmente *conservadoras* ou *esquerdistas* ou *ecológicas*, elas tendem a mudar suas preferências políticas de acordo com a *performance* dos partidos e políticos; e tendências semelhantes podem ser observadas no domínio da religião. A disposição para mudar de filiação religiosa dependendo da *performance* das instituições religiosas aumenta bastante – exceto quando os crentes, numa reação dramática a essa incessante dinamização do panorama social, material e espiritual, tornam-se "fundamentalistas" ao máximo, visando obter uma plataforma sólida e duradora diante do mundo. Se autores como Alain Ehrenberg (1999) ou Axel Honneth (2003) observam uma "exaustão" crescente da subjetividade tardo-moderna – uma exaustão que encontra suas evidências empiricamente mensuráveis nos índices crescentes de depressão clínica e de esgotamento (*burnout*) –, isso, a meu ver, é atribuível em grande parte (se não unicamente) a um tipo de luta por reconhecimento que, metaforicamente falando, começa de novo e de novo todo dia, uma luta na qual nenhuma parada ou descanso seguro pode ser mais alcançado.

Portanto, sob as condições da Tardo-modernidade, dentro de um ritmo intrageracional de mudanças sociais, a luta por reconhecimento no dia a dia é significativamente agravada. Conforme transita da lógica "posicional" para a lógica "performativa" de competição, tal luta continua ameaçando os sujeitos com uma constante insegurança, altos índices de contingência e uma sensação crescente de futilidade. Sofrer de falta de reconhecimento é consequência de cair para trás; logo, as pessoas temem "serem deixadas para trás" mais do que tudo na sua vida. Assim que um bebê nasce, os pais ficam paranoicos com o medo de que esteja "em retardo" num ou outro sentido.

Em resumo, dado que a luta por reconhecimento numa sociedade competitiva é uma força motriz da própria aceleração social, sua forma muda enormemente com a velocidade cada vez maior das mudanças sociais. Se essa dimensão temporal não for levada em conta, a lógica dessa luta não será apreendida plenamente. Logo, uma teoria crítica das condições do reconhecimento social está intrinsecamente conectada com uma teoria crítica da aceleração social também; com efeito, ela pode ser uma parte essencial desta última.

9
Aceleração como uma nova forma de totalitarismo

A tese que eu gostaria de defender aqui é a de que, com efeito, a aceleração social se tornou uma força totalitária da e na sociedade moderna; logo, ela deve ser criticada como todas as formas de domínio totalitário. Por certo, não uso o termo "totalitário" aqui em referência a um ditador político ou a um grupo, classe ou partido político; na sociedade tardo-moderna, o poder totalitário reside num princípio abstrato que, todavia, sujeita todos que vivem sob seu governo. Para mim, podemos chamar um poder de totalitário quando a) ele pressiona as vontades e ações dos sujeitos; b) é inescapável, ou seja, todos os sujeitos são afetados por ele; c) é onipresente, isto é, sua influência não é limitada a uma ou outra área da vida social, mas está presente em todos os seus aspectos; e d) é difícil ou quase impossível criticá-lo e lutar contra ele.

Certamente, podemos chamar um regime de totalitário quando ele faz os sujeitos acordarem de noite com um medo terrível e com o peito apertado – na expectativa de uma morte imediata, com o coração acelerado e suor frio em suas pálpebras. Porém, podemos estar bem certos de que mais pessoas acordam todas as noites nessas condições nos assim chamados países livres, ocidentais e desenvolvidos do que, por exemplo, no Iraque de Saddam Hussein ou mesmo na Coreia do Norte dos dias de hoje. Mesmo brutais ditaduras políticas quase nunca preenchem as condições b), c) e d) completamente. Sempre é possível resistir, lutar contra ou, ao menos, fugir e exilar-se, mesmo dos serviços secretos dos tiranos. Ao menos, esses não podem regular todos os aspectos da vida cotidiana.

Com a aceleração social não é assim: como tentei mostrar anteriormente, dificilmente haverá alguma arena da vida social que não seja afetada ou transformada pelas imposições da velocidade. Uma vez que o progresso da aceleração social transforma nosso regime de espaço-tempo, é possível tranquilamente dizer que ele é onipresente, atravessa tudo e abrange tudo. Ele exerce sua pressão induzindo medo constante de que podemos perder a luta, de que podemos não mais conseguir manter o ritmo, ou seja, cumprir com todas as exigências (constantemente crescentes) que enfrentamos, medo de que talvez precisemos de um descanso e acabemos excluídos dessa corrida de ratos. Ou, por outro lado, com os desempregados e enfermos, o temor instigado é o de que eles talvez nunca mais alcancem quem já está na corrida, de que eles *já* foram deixados para trás. Se quem está muito bem-equipado e começou a competição desde posições privilegiadas precisa correr o mais rápido possível e investir todas as suas energias para permanecer no jogo, é nada menos do que lógico, para quem começa com atraso, nem mesmo tentar alcançá-los: esses são os novos grupos sociais dos terminantemente excluídos, o assim chamado "precariado".

Porém, o ponto central de minha abordagem crítica é o fato de que essas imposições da velocidade dificilmente são reconhecidas e percebidas como socialmente construídas: elas não são formuladas como reivindicações ou regras normativas (que, em princípio, podem sempre ser a) questionadas e b) recusadas e transgredidas) e não aparecem nos debates políticos. O tempo ainda é vivido como um dado bruto, natural, e as pessoas tendem a se culpar por mau gerenciamento do tempo quando sentem que estão ficando sem ele. O tempo, até aqui, está essencialmente para além do domínio da política.

Por isso, apresentarei o esboço de uma teoria crítica da aceleração social na terceira parte deste livro, teoria que reconstrói uma crítica ideológica da autocompreensão ética e temporal da sociedade moderna (capítulo 12). Contudo, começarei por uma crítica *funcionalista* da aceleração social no capítulo 11. Ali, minha hipótese será a de que, até mesmo *sem* fazer considerações normativas, a velocidade de tirar o fôlego nas interações sociais tardo-modernas ameaça prejudicar a capacidade de autorreprodução da sociedade moderna. No capítulo 13, busco fundamentar a afirmação de que há uma relação dialética entre, de um lado, o "projeto ético e político da Modernidade" e a promessa do Iluminismo de autonomia, e, por outro lado, o processo (modernizante) de aceleração social. Dessa forma, se algum grau de dinamização do mundo era inevitável para realizar o "projeto da Modernidade", os níveis de velocidade da Tardo-modernidade tendem a prejudicá-lo. Concluirei o livro em seguida, esboçando uma nova versão da teoria crítica que tenta refundamentar o conceito de alienação e opô-lo ao conceito de mundo "ressonante".

Terceira parte

Esboços de uma teoria crítica da aceleração social

10
Três variantes de uma crítica das condições temporais

A ideia de fundamentar a crítica social numa análise das condições temporais da sociedade está baseada no fato de que o tempo é um elemento onipresente no tecido social. Com efeito, todas as instituições, estruturas e interações sociais têm uma natureza processual e envolvem padrões temporais; logo, o tempo não é um domínio particular do social, mas um elemento nuclear em todas as suas dimensões. Abordar a sociedade por seus aspectos temporais, portanto, é um "truque" analítico que provê um foco firme e unificado para os estudos e a crítica. Porém, o conceito de "aceleração social", como vimos anteriormente, excede esse âmbito temporal, uma vez que o processo acelerador subjacente é a força motriz não só da evolução da sociedade no tempo, mas também das mudanças em seu tecido social e material (para usar a famosa distinção entre dimensão temporal e material (*Sachdimension*) da sociedade). A meu ver, a aceleração social é o processo nuclear da modernização e, portanto, seria prudente tomá-la como ponto de partida de uma crítica da sociedade moderna.

Falando em termos gerais, há duas formas – que se desdobram em três – básicas de crítica social. A primeira são as muitas variantes de crítica *funcionalista* das instituições e práticas sociais. Por exemplo, o último Marx e muitos marxistas que o seguiram têm argumentado que o capitalismo é esburacado por contradições imanentes que produzirão necessariamente crises severas, levando mais cedo ou mais tarde a uma ruptura na reprodução social. Em resumo, a crítica funcionalista se baseia na consideração de que um sistema social (ou prática) *não vai funcionar* no longo prazo. Ela é muito diferente da segunda forma de crítica social, a *crítica normativa*. Por certo, a crítica funcionalista e a normativa podem ser combinadas, mas, em termos analíticos, elas nitidamente precisam ser separadas. Uma crítica normativa considera que uma formação ou arranjo social não é algo *bom* ou *justificável* à luz de regras e valores que, obviamente, precisam ser definidos ou identificados ou justificados independentemente. De fato, há duas versões da crítica normativa: uma pode ser rotulada de "moral", a outra de "ética". Uma *crítica moral* está em essência fundada numa concepção de justiça, e seu argumento, portanto, geralmente é o de que as instituições sociais atuais levam a uma distribuição injusta (i. é, desigual) de bens, direitos, *status* e/ou privilégios. Nesse caso, o foco usual está nas *relações sociais*, ou seja, na postura relativa dos grupos e indivíduos uns em relação aos outros.

Em contraste, uma crítica ética se baseia no conceito de boa vida (ou, pela via negativa, criticando as condições que prejudicam sistematicamente a realização da boa vida, ou seja, os estados de alienação). Nesse caso, o argumento não diz respeito à justiça, mas sim à possibilidade de felicidade. Assim, essa crítica geralmente toma forma ao identificar estruturas e práticas que levam as pessoas a não conseguir viver uma boa vida. É bem possível, por exemplo, que todos os membros da sociedade estejam igualmente afetados por certas condições alienantes. Por certo, para uma crítica ética é ainda mais difícil definir normas e valores – ou um conceito de boa vida – que possa ser considerado como geralmente aceito ou justificável numa sociedade sob crítica. Enquanto as versões atuais de crítica moral (p. ex., a maior parte das abordagens liberais, mas também aquelas da tradição da ética do discurso) geralmente procuram formular conceitos "universalistas" de justiça como seu ponto de partida, os trabalhos de crítica ética (como os formulados por comunitaristas como Charles Taylor ou Alasdair MacIntyre) tendem a assumir noções de boa vida já incorporadas nos discursos e práticas modernas – e, portanto, já limitadas a um tempo e sociedade particular – como sua base normativa. Isso ocorre porque a filosofia social moderna perdeu sua fé na ideia de que alguma "essência" ou "natureza" humana invariável possa ser identificada. Mas, de todo modo, críticas normativas devem explicitamente justificar suas bases normativas.

Nas próximas páginas tentarei expor como uma teoria crítica da aceleração social poderia integrar essas três formas de crítica social, prolongando, desse modo, a tradição das versões anteriores da teoria crítica, que sempre buscaram combinar uma crítica funcionalista, inspirada em Marx, das contradições (de classe) inerentes e insuperáveis da sociedade capitalista com uma crítica moral da injustiça (distributiva) que fundamenta essa sociedade e com uma crítica ética da vida alienada (que remonta ao jovem Marx) e suas falsas necessidades.

Começarei com uma análise funcionalista das patologias que resultam de dessincronização processual. Em seguida, passarei a uma crítica normativa (e ideológica) das normas temporais invisíveis. Por fim, tentarei esboçar uma reformulação do conceito de alienação a partir de uma perspectiva temporal.

11
A crítica funcionalista: patologias da dessincronização

Embora frequentemente nos deparemos com a afirmação de que, na sociedade moderna, praticamente "todos os processos" estão propensos à aceleração social ou a um aumento de velocidade (p. ex., GLEICK, 1999), isso obviamente não é verdade: como já vimos no terceiro capítulo, há muitas coisas que não podem de modo nenhum acelerar (p. ex., a maioria dos processos na natureza e na geologia) ou que não ganharam velocidade até agora ou que até mesmo *ficaram mais lentos*, às vezes justamente por causa da dinamização. Ademais, mesmo para o escopo de fenômenos que realmente aceleram, é evidente que eles são capazes de acelerar em *diferentes graus*. Por sua vez, isso resulta em fricções e tensões inevitáveis na fronteira entre instituições, processos e práticas mais velozes e mais lentas. Quando dois processos se interconectam, ou seja, quando eles se sincronizam, a aceleração de um deles coloca o outro sob pressão de tempo – e, a não ser que acelere também, esse será percebido como uma quebra ou estorvo irritante. Vejamos o simples exemplo do horário de um trem. Digamos que três horas sejam necessárias para viajar de Hamburgo para Copenhague e, depois, mais 30min até uma pequena cidade na Dinamarca. Agora, o "trem principal" acelera, chegando, por exemplo, 20min mais cedo do que antes na capital dinamarquesa. Consequentemente, nosso viajante terá ou de esperar esses 20min para pegar seu trem de conexão, o que é percebido como uma completa perda de tempo, ou esse "trem secundário" terá de se adaptar e sair 20min mais cedo também. De modo similar, se uma pessoa está com muita pressa e quer comprar um jornal na banca mais próxima, sendo que o jornaleiro deixou seu emprego anterior para aproveitar um ritmo mais lento de vida, ambos vivenciam uma interação dessincronizada: enquanto a pessoa apressada se sente terrivelmente atrasada e desnecessariamente retardada, o jornaleiro se sente igualmente aterrorizado pela correria da primeira e por sua pressão desnecessária por tempo. E assim por diante.

Para colocar em termos mais sistemáticos, a dessincronização surge na fronteira entre o mundo social e o extrassocial, mas também entre diferentes padrões de velocidade no interior da sociedade. Sobre a primeira, como meu colega alemão Fritz Reheis (1996) afirmou há muito tempo, a aceleração social sobrecarrega sistematicamente as molduras temporais da natureza circundante. Assim, esgotamos os recursos naturais como a terra e o petróleo em ritmos muito acima dos índices de reprodução, e jogamos lixo tóxico numa frequência muito maior do que a natureza pode absorver. Com efeito, o aquecimento da atmosfera terrestre não é senão resultado de um processo de aceleração físico socialmente causado: por meio de nosso consumo das energias armazenadas em gasolina e gás, nós literalmente aceleramos as moléculas atmosféricas ao esquentá-las, pois o calor é a causa e o efeito da rápida movimentação molecular. Por outro lado, é bem possível que o corpo e a psiquê humana também estejam sobrecarregados pela intensidade do tempo social. Nesse sentido, autores como Alain Ehrenberg (1999) ou Lothar Baier (2000) afirmaram que o crescimento dramático da depressão e do esgotamento (*burnout*) podem ser uma reação à sobrecarga temporal ou aos níveis de *stress* crescentes da sociedade moderna. Com efeito, aqueles que caem em depressão vivenciam uma mudança dramática em sua percepção temporal, eles passam por um tempo dinâmico ou febril para recair num atoleiro inerte onde o tempo não parece mais se mover e permanece quieto. Qualquer conexão significativa entre o passado, o presente e o futuro parece ter sido definitivamente rompida.

Por outro lado, devemos ser extremamente cuidadosos com a postulação de limites fixos para a adaptabilidade humana. Com efeito, nos primeiros anos das estradas de ferro, os médicos acreditavam ter firmemente provado que o corpo e o cérebro humanos não poderiam experimentar uma velocidade maior do que entre 25 e 30km por hora sem sofrer sérios danos, e os viajantes teriam uma evidência explícita dessa limitação no mero fato de eles se sentiram mal quando olhavam para fora do vagão de um trem nessa velocidade. E, de fato, muitos de nós ainda nos sentimos mal quando o trem se move nessa velocidade entre 25 e 30km por hora hoje – porque não suportamos perder tanto tempo assim! Conseguimos aprender as técnicas da "visão panorâmica", ou seja, fixar nossa visão não no embarque, mas muito além, e com isso passamos a gostar de viajar em altas velocidades (SCHIVELBUSCH, 2000). De modo similar, estudos recentes descobriram que os jovens hoje desenvolvem capacidades multitarefas das quais os cérebros das antigas gerações não eram capazes.

Sociologicamente falando, as coisas ficam mais interessantes quando nos deslocamos para a escala da sociedade. Nesse nível, é inegável que as diferentes esferas sociais podem ser aceleradas em diferentes graus. Assim, a velocidade das transações econômicas, das descobertas científicas e das inovações tecnológicas aparentemente aumentou bastante ao longo das últimas décadas, enquanto o andamento da criação de políticas públicas não acompanhou essa aceleração e a marcha da reprodução cultural, isto é, da virada de turno geracional do conhecimento simbólico, é discutivelmente limitada.

O mundo ocidental moderno depende crucialmente da ideia de que a política define o ritmo dos desenvolvimentos sociais e culturais. Se desejamos ser sociedades em essência *democráticas*, isso significa que a política deve regular as molduras e direções gerais dentro das quais a ciência, a tecnologia e a economia operam. Porém, isso requer uma ancoragem muito particular da "política no tempo", ou seja, baseia-se no pressuposto de que as tomadas de decisão na política e a evolução social são, ou ao menos podem ser, sincronizadas. Porém, como argumentei em outros textos, a democracia é um processo que consome tempo (ROSA, 2005b). O fato é que simplesmente leva tempo para organizar um público, identificar grupos sociais relevantes, formular e pesar argumentos, alcançar um consenso e construir decisões deliberadas. E também leva tempo para implementar essas decisões, principalmente em sociedades não totalitárias sob o estado de direito.

Além disso, sob as condições tardo-modernas, tudo isso ainda precisa de *mais tempo*, uma vez que as sociedades nesse caso se tornam mais plurais e menos convencionais. O processo de construção das opiniões se organiza de modo mais demorado quando os grupos se tornam mais heterogêneos e dinâmicos, e se as condições subjacentes se alteram em velocidades mais altas. O planejamento e o cálculo consomem mais tempo quando a situação de fundo se torna menos estável. Com isso, o mesmo processo que acelera as mudanças sociais, culturais e econômicas *retarda* a formação das vontades e as tomadas de decisão democráticas, o que leva a uma dessincronização direta entre a política e a evolução da vida social e econômica. Desse modo, atualmente, a política não é mais vista como a esfera que dita o ritmo das mudanças e progressos sociais. Muito pelo contrário, a política "progressista" – se esse termo ainda tem ainda algum sentido em 2010 – agora se caracteriza pela vontade de desacelerar as transações e desenvolvimentos tecnológicos e econômicos, de modo a estabelecer ou reter algum controle político sobre o ritmo e a direção da sociedade (p. ex., por meio de instrumentos como o Imposto Tobin[22]). Em contraste, "liberais-conservadores" optam por

---

22 Concebido pelo economista norte-americano James Tobin, essa taxa incidiria sobre movimentações financeiras internacionais de natureza especulativa [N.T.].

acelerar os processos socioeconômicos e tecnológicos reduzindo as regulações políticas. Nessa inversão do indicador temporal da política entre *progressistas* e *conservadores* encontramos uma nítida expressão da dessincronização entre a política e as esferas tecnoeconômicas da sociedade, bem como do fato de a política, que era um instrumento condutor da dinamização na Modernidade inicial e na Modernidade clássica, ter se tornado, sob as condições tardo-modernas, um entrave ou um obstáculo para mais acelerações. Consequentemente, o projeto neoliberal das décadas ao redor do ano de 2000 efetivamente buscou uma política de aceleração social (em particular para os fluxos de capital) reduzindo ou mesmo erradicando o controle ou condução política – com medidas de desregulação, privatização e judicialização.

Mas uma dessincronização prejudicial aparece não só entre a economia e outras esferas da vida social, mas até mesmo dentro da própria economia: assim, a rápida aceleração dos mercados financeiros depois das revoluções políticas e digitais em torno do ano de 1989 nitidamente levaram a uma ruptura acentuada entre as velocidades sempre crescentes dos fluxos de investimento e capital, de um lado, e, de outro, a lentíssima cadência da economia "real", ou seja, da produção e do consumo concreto. Como todos sabemos, em 2008, isso resultou na maior crise financeira e econômica desde 1930. Se as transações econômicas e financeiras podem ser aceleradas quase indefinidamente, a produção e o consumo, em revanche, não podem: é possível lucrar comprando e vendendo ações em frações de segundo, mas não há nada equivalente a isso na produção real – e do mesmo modo é possível comprar bens e serviços no intervalo de segundos, mas não se consegue consumi-los nessa velocidade. Por isso, existe aparentemente uma defasagem de tempo cada vez maior entre comprar e consumir (considere-se, p. ex., o hiato temporal entre comprar e ler um livro, ou entre comprar e utilizar um telescópio). Como argumentarei abaixo, essa forma de dessincronização cultural, a meu ver, provê um ponto de partida extremamente fértil para um conceito de falsa necessidade no âmbito da teoria crítica.

Porém, deve haver outras formas de dessincronização disfuncional no tecido temporal da Tardo-modernidade. Por exemplo, autores como Bluemenberg (1986) ou Lübbe (1998) afirmaram que a reprodução cultural – ou seja, a transmissão de normas e conhecimentos culturais de uma geração para a outra, passagem que provê certas medidas de estabilidade e continuidade para a sociedade – seria um processo que consome tempo inevitavelmente também. Se o mundo da vida é dinamizado a um ponto no qual há pouca ou nenhuma estabilidade intergeracional, as gerações viverão praticamente em "mundos diferentes", sob a ameaça, portanto, de uma ruptura na reprodução simbólica da sociedade. E, por fim, a capacidade criativa da sociedade de dar respostas verdadeiramente inovadoras para as condições de vida cambiantes pode exigir uma quantidade bem considerável de recursos "livres" ou abundantes de tempo, recursos que permitem a recreação, o tédio e o ócio, bem como outras formas de alocação temporal dispendiosas e aparentemente erráticas. Logo, talvez seja precisamente o anseio incansável da sociedade moderna por inovação e dinamização incessante aquilo que prejudica sua capacidade para inovações essenciais e adaptações criativas. Nesse sentido, é possível haver uma forma muito sólida de esclerose e congelamento por detrás da superfície hiperdinâmica das sociedades tardo-modernas.

Em resumo: uma crítica funcionalista da aceleração social parece encontrar diversos sintomas de possíveis patologias da velocidade ao realizar uma análise exaustiva dos problemas e processos de (de-)sincronização em todos os níveis da vida social na Tardo-modernidade.

12
A crítica normativa: revisitando a ideologia

Desmascarando as normas sociais secretas da temporalidade

Quando voltamos para os "clássicos" da sociologia, ou seja, para Weber, Simmel ou Durkheim, percebemos que esses "pais fundadores" da disciplina – de forma bem similar a Elias ou Foucault, seus colegas de tempos posteriores – estavam todos espantados por uma característica bastante confusa e mesmo paradoxal das sociedades modernas. Eis o paradoxo com o qual se debatiam e do qual tentavam dar conta: por um lado, a vida social na Modernidade é caracterizada por um aumento incrível de interdependência mútua. As interações sociais são firmemente entrelaçadas formando redes muito complexas, com cadeias de interação e dependência mútua que vivenciam uma enorme extensão em comprimento. Assim, os processos de produção e distribuição, mas também de educação e entretenimento, ou da política da lei, envolvem inumeráveis indivíduos e ações, sendo resultado de miríades de decisões social e localmente separadas. Por isso, a necessidade de regulação e coordenação social, bem como de sincronização, é obviamente gigantesca; ela supera de longe a demanda correspondente em todas as outras formas conhecidas de organização societal. Consequentemente, seria de se presumir que a vida social é regulada e controlada estritamente por normas sociais e éticas bastante rígidas, que conduzem o comportamento individual de um modo tão afinado que todos aqueles elos da cadeia de interdependência se fecham e dão seguimento a suas operações sem ruptura ou quebra. Ora, não é isso que encontramos quando observamos as regulações normativas dessas sociedades. Bem pelo contrário, elas (principalmente em sua autocompreensão) parecem ser liberais, individualistas, com funcionamento baseado em códigos éticos minimamente restritivos. Em outras palavras: individualização, liberalização e pluralização são os processos normativos que correspondem ao notado aumento de interdependência, e esses conceitos trazem consigo uma queda acentuada dos níveis de regulação moral social. Assim, os indivíduos nas sociedades modernas se sentem moral e eticamente "livres" num grau sem precedentes: ninguém lhes diz o que devem fazer, no que acreditar, como viver, pensar ou amar, nem onde ou com quem viver. Da perspectiva da ideologia liberal moderna, bem como do ponto de vista da autopercepção dos indivíduos, é quase como se praticamente não houvesse normas sociais, religiosas ou culturais obrigatórias; há uma vasta pluralidade de concepções de boa vida e uma liberdade de escolha muito mais ampla dentro de uma miríade de opções em todas as esferas da vida. Logo, as sociedades e os indivíduos modernos se sentem muito apropriadamente como "excessivamente livres". Ora, como isso é possível? Como é possível ser completamente livre e, ainda assim, excessivamente coordenado, regulado e sincronizado, e com intensidades inéditas nos dois casos?

Com efeito, não é tão difícil encontrar a solução para esse aparente paradoxo da Modernidade.

Pois, sob a autopercepção liberal hegemônica de liberdade, há outra consciência avassaladora que aponta numa direção completamente oposta. Enquanto os indivíduos se sentem plenamente livres, eles também se sentem totalmente dominados por uma lista sempre crescente e excessiva de demandas sociais. Em pleno acordo com a observada necessidade de regulações sociais estritas, os atores das sociedades modernas se veem submetidos a pressões e exigências heterogêneas, que eles não conseguem controlar, e isso também se dá num nível desconhecido para qualquer outra sociedade. Em nenhum outro lugar fora do domínio da Modernidade ocidental, ouso dizer, estão as ações do dia a dia tão consistentemente justificadas pela retórica do "devo": sempre legitimamos a nós mesmos bem como aos outros aquilo que estamos fazendo em referência a uma demanda externa: "eu realmente preciso ir para o trabalho agora; eu tenho mesmo de preencher os formulários do imposto; eu preciso fazer algo para entrar em forma; tenho de aprender uma língua estrangeira; preciso atualizar meu hardware ou software hoje; preciso ficar atualizado com as notícias" – a lista não tem limites e, no final, nós "precisamos fazer algo para relaxar de verdade, ficar mais calmos e descansar", caso contrário estaremos sob ameaça de ataque do coração, depressão ou esgotamento (*burnout*). "O cotidiano da vida se tornou um mar de demandas onde nos afogamos", diz Kenneth Gergen (2000, p. 75). Do mesmo modo, Robinson e Godbey (1999, p. 33; cf. p. 305) confirmam, a partir de dados, a sensação conhecida de que "temos de correr cada vez mais rápido a cada ano apenas para continuar no mesmo lugar".

A partir dos argumentos que apresentei até agora, já deve ser evidente que isso tudo é uma consequência natural do jogo de aceleração competitivamente impulsionado, jogo esse que nos mantém numa incansável corrida de ratos incessantemente mais rápida. Mas isso também explica como as sociedades modernas satisfazem sua necessidade por coordenação, regulação e sincronização das suas cadeias incrivelmente longas de interdependência: elas atendem essa demanda com a implementação rigorosa de normas temporais, com o domínio dos cronogramas e prazos, com o poder da última hora e do imediato, com a lógica da gratificação e da reação instantâneas. Essas normas – como a maioria das regras morais que conhecemos de outras sociedades e culturas – têm o efeito esmagador de produzir sujeitos cheios de culpa: no fim do dia, todos nós nos sentimos culpados, pois não cumprimos as expectativas. Quase nunca somos capazes de chegar ao final de nossa lista de afazeres e, com efeito, a distância entre o topo e o fim aumenta quase diariamente. Desse modo, quem trabalha no negócio de aconselhar gerentes e elites, bem como um número cada vez maior de "orientadores de vida" ou *life-coaches* relatam que um de seus principais desafios é ensinar a seus clientes como aceitar o fato de que nunca serão capazes de exaurir sua sequência de tarefas ou de chegar ao final da sua lista de e-mails, e como interpretar isso como algo normal e saudável. Ora, isso nos faz lembrar dos psicólogos que lidam com os complexos de culpa das pessoas que foram criadas em ambientes religiosos rigorosos. As Igrejas foram (em muitas instâncias, de forma bastante justa) acusadas por séculos de sobrecarregar os crentes com sentimentos de vergonha e de culpa ("mea culpa, mea maxima culpa"). Porém, elas também forneciam caminhos de esperança e alívio: primeiro, elas ensinam que o homem é culpado por natureza; então, se somos fracos, não se trata, de fato, de uma falha individual; segundo, Jesus Cristo morreu por nossos pecados: por mais que sejamos culpados, há esperança. E, por fim, como Weber nos lembra, na instituição da confissão e da absolvição, a Igreja Católica ao menos dá a seu rebanho os meios de se aliviar do sentimento de culpa. A sociedade moderna não faz isso: ela produz sujeitos culpados sem abrandamento ou perdão. Temos de pagar o preço por todas as nossas insuficiências, e a massa crescente de pessoas no desemprego, que foram excluídas da corrida de rato aceleracionista, nos mostra quão alto esse preço pode ser.

Porém, ainda que a normatividade do tempo seja dominante na sociedade – basta pensar em como praticamente toda a educação hoje trata de habituar-se à temporalidade normativa e ensina a postergar a gratificação, a se manter dentro dos prazos e ritmos, a resistir e mesmo ignorar necessidades e impulsos corporais até que "o tempo certo" venha, e, acima de tudo, ela ensina a nos apressar –, as normas temporais são muito diferentes das normas morais e religiosas que conhecemos no passado ou em outras culturas. Embora nitidamente seja construída socialmente, essa normatividade do tempo não aparece sob uma forma ética, nem mesmo como uma orientação política, mas sim como um fato bruto, como leis da natureza que não podem ser disputadas ou discutidas. As normas temporais parecem simplesmente estar "lá fora" e cabe aos indivíduos cumpri-las ou não. Com isso, não há nenhum debate moral ou político sobre os poderes do prazo ou os ditados da velocidade – as normas correspondentes operam como uma força escondida e silenciosa que permite à sociedade moderna considerar a si mesma como livre de sanções e minimamente restritiva em termos éticos. "A linguagem silenciosa" do tempo, como disse Edward T. Hall (1973) há alguns anos, é suficientemente eficiente para satisfazer a imensa necessidade de regulação das sociedades modernas justamente porque ela permanece desse jeito – em silêncio, imperceptível, ideologicamente individualizada e naturalizada. Só por causa disso, as normas temporais atingem uma qualidade quase totalitária em nossa era: elas cumprem todos os quatro critérios do totalitarismo definidos no capítulo 9, ou seja: a) elas exercem pressão nas vontades e ações dos sujeitos; b) são inescapáveis, ou seja, todos são afetados por elas; c) estão em toda parte, isto é, sua influência não está limitada a uma ou outra área da vida social, mas a todos os seus aspectos; e d) é difícil ou quase impossível criticá-las ou lutar contra elas. Logo, uma crítica das normatividades sociais veladas da temporalidade encontra seu ponto de partida aqui: tais normas violam a promessa nuclear da Modernidade de reflexividade e de autonomia.

13
A crítica ética 1: a promessa quebrada da Modernidade

Embora a modernização possa designar um processo de mudança que se desdobra em grande parte "às costas dos atores sociais" – ou seja, mudanças que ocorrem sem o planejamento ou a intenção deles e, o que talvez seja mais importante, menos como consequência do que como causa dos seus motivos e valores –, ela está, porém, conectada intrinsecamente com um "projeto moderno" volitiva e valorativamente guiado. Esse projeto, tal como o encontramos reconstruído nos escritos de Jürgen Habermas, mas também no *magnum opus* de Charles Taylor, *Sources of the Self* (1989, *As fontes do self*) ou nas contribuições de Johan Arnason (2001), está centrado explicitamente na ideia e na promessa de *autonomia* no sentido da autodeterminação ética: como nós, como sujeitos, devemos levar nossas vidas não é algo que pode ser predeterminado por poderes políticos ou religiosos além de nosso alcance, nem pelo rei nem pela Igreja, nem por uma ordem social que predefine nosso lugar no mundo – o mundo da família, da política, do trabalho, da arte, da cultura, da religião e assim por diante. Ou melhor, isso é algo que deve ser deixado para a decisão dos próprios indivíduos.

Essa ideia, obviamente, implica e sustenta os conceitos de individualização e de pluralização, além de, como ficou evidente no debate recente sobre o "comunitarismo", não contradizer de modo nenhum o fato de que até mesmo sujeitos "autônomos" precisam de "redes de interlocução" (Taylor), relacionamentos e comunidades constitutivos para que encontrem um modo significativo de vida para si. Como Habermas nos lembra, porém, tudo isso está intimamente conectado com a ideia política de participação democrática e de autogoverno, pois as condições socioeconômicas e estruturais de nossas ações e vidas não podem ser controladas por indivíduos isolados. Dado que tais condições não podem depender do resultado aleatório do agregado de forças descontroladas, então elas precisam ser moldadas por formações de vontade política coletivas. A ideia de autonomia, como Rousseau já havia percebido, só pode ser preservada se as condições de vida socialmente construídas puderem ser concebidas como resultado do autogoverno democrático. Nesse sentido, o projeto da Modernidade é necessariamente um projeto *político*.

Esse projeto também implica o desejo de controlar as forças da natureza: se a vida deve ser moldada pela autodeterminação humana, as restrições "cegas" impostas pela natureza precisam ser consideradas e superadas com a ajuda da ciência moderna, da tecnologia, da educação e de uma economia poderosa. Assim, a promessa da Modernidade sempre esteve por trás da vontade de superar os obstáculos a uma vida autodeterminada impostos pela pobreza, pela escassez, por doenças ou deficiências, pela ignorância e por todas as formas de condições naturais adversas. Logo, até mesmo nossas aspirações tardo-modernas em direção à autodeterminação de características de nosso corpo – nosso sexo ou nossos genes – simplesmente seguem o impulso da Modernidade e sua promessa de autonomia.

Ora, é importante notar que esse projeto só se tornou possível e plausível em uma sociedade que já estava num processo de aceleração social: a autodeterminação individual só faz sentido num mundo que se move para além de uma ordem social fixada de modo supostamente ontológico, mundo onde as classes ou estamentos sociais (e as autoridades políticas e religiosas) são definidos de uma vez por todas e simplesmente reproduzidos de geração em geração. O projeto da Modernidade ganha sua plausibilidade e atratividade com o surgimento da "energia cinética" da sociedade, por assim dizer, com o advento das mudanças sociais aceleradas. Da mesma forma, a ascensão de uma economia capitalista forte, produtiva, guiada pelo crescimento e acompanhada de progressos científicos e tecnológicos produziu os recursos necessários para dar credibilidade à promessa de uma formação política redistributiva da sociedade e do poder discricionário do indivíduo.

Em resumo: o processo de modernização da aceleração social (competitiva) e o projeto (ético) da autonomia e da autodeterminação davam, ao menos no princípio, suporte um ao outro. Obviamente, em certo sentido, a Modernidade nunca cumpriu suas promessas: um número enorme de pessoas, provavelmente a maioria, foi impedida de levar uma vida autodeterminada por causa das condições de trabalho heterônomas. Isso, a meu ver, não é verdade apenas para trabalhadores que dependem de salário, mas também para gerentes e empregadores: eles nunca poderiam controlar as regras do jogo, apenas aprenderam a jogar com elas exitosamente. Ademais, o "grande acordo" feito para aceitar a heteronomia na vida profissional em troca da autonomia na vida familiar nunca funcionou de verdade também, como argumentou Charles Taylor (1985). Todavia, o "sistema moderno" com privatização ética, capitalismo econômico e política democrática sustentado até o último terço do século XX conseguiu ao menos "manter o sonho vivo": a promessa de uma "existência pacificada", para usar as palavras de Marcuse, tinha credibilidade à luz das expectativas de crescimento econômico robusto, progresso tecnológico, pleno emprego, expediente de trabalho decrescente e Estado de Bem-estar Social expansivo. A história ainda podia ser interpretada como um movimento em direção a um ponto no qual a labuta econômica (diária), a luta pela sobrevivência e a competição social perderiam seu poder determinante sobre nossas formas de vida individual e coletiva. Com efeito, o capitalismo só pareceu ser um sistema econômico culturalmente aceitável à luz da convicção firme – propagada e partilhada por seus proponentes, de Adam Smith a Milton Friedman – de que eventualmente ele se tornaria tão produtivo e poderoso que os seres humanos finalmente se tornariam livres para perseguir seus planos de vida individual, seus sonhos, valores e objetivos, sem mais ameaças de escassez, declínio e fracasso em seus pescoços. Assim, a aceleração e a competição poderiam ser compreendidas como meios para um fim: a autodeterminação.

Como deve ter ficado evidente com o argumento apresentado nos capítulos anteriores, minha tese é a de que essa promessa não possui mais credibilidade na "sociedade da aceleração" tardo-moderna. Os poderes aceleradores não são mais vividos como uma força libertadora, mas sim como uma pressão que nos escraviza. Por certo, para os atores sociais, a aceleração sempre foi as duas coisas: uma promessa e uma necessidade. Na era da industrialização, por exemplo, a primeira opção era válida para a maioria das pessoas, mas ainda assim ela carregou o potencial libertador constantemente até o século XX. Porém, hoje, no século XXI "globalizado", essa promessa perde tal potencial, a pressão se torna esmagadora a ponto de a ideia de autonomia individual e também coletiva terem se tornado anacrônicas.

Como argumentei anteriormente, a autonomia pode ser entendida como a promessa de definir os objetivos, valores, paradigmas e práticas de uma boa vida de modo o mais independente possível de pressões e limitações externas. É a promessa de que a forma de nossas vidas é o resultado de nossas convicções e aspirações culturais, filosóficas, sociais, ecológicas ou religiosas, e não de pressões naturais, sociais ou econômicas "cegas". Assim, a modernização, no sentido da aceleração social, esteve intrinsecamente ligada ao projeto da Modernidade, uma vez que o dinamismo social cada vez mais intenso, a energia cinética crescente da sociedade, servia justamente para libertar as pessoas daquelas pressões: tanto no plano individual quanto no coletivo, isso produzia os recursos necessários para concretizar a autonomia. Porém, agora, ocorre que a aceleração social é mais forte do que o projeto moderno: ela continua acelerando conforme sua lógica se vira contra a promessa de autonomia. Nesse cenário tardo-moderno – ao menos nas sociedades ocidentais – a aceleração não mais assegura os recursos para que os indivíduos persigam seus sonhos, objetivos e planos de vida, nem para que a sociedade se molde politicamente de acordo com noções de justiça, progresso, sustentabilidade etc.; em vez disso, ocorre o contrário: os desejos, objetivos e sonhos individuais são utilizados para abastecer a máquina da aceleração.

Para os sujeitos, tornou-se o desafio central levar e moldar suas vidas de modo que possam "permanecer no páreo", manter sua competitividade atualizada, não cair para fora da roda da corrida dos ratinhos. Mais e mais, até mesmo as práticas religiosas, os parceiros e as famílias, passatempos e práticas de saúde são escolhidos de acordo com a lógica da competição. A velocidade da mudança social e a instabilidade das condições subjacentes torna efetivamente perigoso desenvolver e seguir um "plano de vida". A autonomia, no sentido de se aferrar a aspirações individuais mesmo contra as adversidades, tornou-se algo anacrônico, como Kenneth Gergen nos lembra: num capítulo apropriadamente chamado "fora de controle", ele descreve com sutileza a mudança formal da "velha ideia moderna" de autonomia para o conceito tardo-moderno de "surfe" bem-sucedido: "também estou lutando contra meu treinamento modernista orientado para se aprimorar constantemente, avançando, desenvolvendo e acumulando. Lentamente, começo a aprender os prazeres de se livrar do desejo de ter controle sobre tudo que me circunda. *É a diferença entre nadar deliberadamente para um ponto no oceano – superando as ondas para alcançar um objetivo – e flutuar harmoniosamente com os movimentos imprevisíveis das ondas*" (GERGEN, 2000, p. XVIII; ênfases do autor, H.R.).

Obviamente, isso não significa que os tardo-modernos tendem à passividade: continuar na corrida exige capacidade de "surfar as ondas" sempre que oportunidades promissoras aparecem e isso, por certo, requer capacidades consideráveis de juízo e flexibilidade. Mas criatividade, subjetividade e paixão não mais servem o propósito da autonomia no velho sentido "moderno" do termo, mas são agora usadas para aprimorar nossa competitividade. Politicamente, agora já deve ser evidente que pobreza e escassez não podem ser superadas numa economia capitalista. Não é que as reformas políticas do século XXI contribuam com o objetivo de *melhorar* as condições sociais e de moldar a política de acordo com os fins sociais ou culturais democraticamente definidos. Longe disso, praticamente a única finalidade das iniciativas políticas tem sido manter ou tornar as sociedades competitivas, sustentar suas capacidades de aceleração. Por isso, as reformas são justificadas como "adaptações necessárias" para atender exigências estruturais. Mudanças políticas são defendidas pela ameaça do caso contrário – *se não diminuirmos os impostos ou autorizarmos a engenharia genética* –, primeiro seremos ultrapassados, depois seremos deixados para trás, rechaçados para um estado de total pobreza e escassez. A promessa de autonomia política, de moldar a sociedade superando a necessidade econômica, torna-se apenas um débil espectro nesse cenário. Como argumentei antes, isso se deve à lógica da competição e da aceleração, que não têm nenhuma fronteira ou interrupção internas. Elas mobilizam energias individuais e sociais imensas, mas no fim das contas sugam cada uma de suas mínimas partes. Logicamente, não há nenhum outro ponto de chegada para esse desenvolvimento do que o sacrifício de todas as forças políticas e individuais à máquina da aceleração simbolizada na corrida de ratos da competição socioeconômica. Obviamente, isso equivale à total heteronomia, à inversão total da promessa moderna.

Como podemos verificar, ou ao menos tornar plausível, essa afirmação de que há uma lacuna cada vez maior entre o projeto da Modernidade – a autonomia – e o estágio tardo-moderno da aceleração social? A meu ver, as condições sociais – cujos atores ainda estão eticamente comprometidos com a ideia de autodeterminação, apesar de essas mesmas condições prejudicarem cada vez mais a possibilidade de seguir ou concretizar essa ideia – levam necessariamente a um estado de alienação. A alienação, gostaria de sugerir aqui, pode ser preliminarmente definida como um estado no qual os sujeitos perseguem fins ou seguem práticas que, por um lado, não lhes são impostas por atores ou fatores externos – existem opções alternativas factíveis –, mas que, por outro lado, também não são desejadas ou sustentadas "realmente" por esses sujeitos. Assim, nós nos sentimos alienados quando trabalhamos o dia inteiro até meia-noite sem que ninguém nos imponha fazer isso – e mesmo que "desejemos" realmente ir para casa mais cedo (e talvez tenhamos feito essa promessa para nossa família). A alienação também surge quando implementamos novas reformas educacionais ou econômicas ou novas orientações gerenciais que não apoiamos "realmente", ou quando temos de despedir uma pessoa de seu emprego em razão da busca por mais lucro ou competitividade: temos muitas dúvidas sobre o resultado e poderíamos ter agido diferentemente; todavia, "de algum modo, precisávamos fazer isso". Da mesma forma, na política, a alienação pode ocorrer quando vamos a uma guerra que *não sentimos realmente ser justificada* (e que "realmente" não queremos) ou quando apoiamos políticas que fortalecem a indústria automobilística contra qualquer raciocínio ecológico: a cada vez que "voluntariamente" fazemos o *que realmente não queríamos fazer*. Se esse estado persiste, podemos (tanto individual quanto coletivamente) até mesmo nos esquecer do que "realmente" queríamos – ainda que permaneça uma vaga sensação de heteronomia sem um agente opressor. Chegando agora ao último capítulo antes da conclusão, gostaria de delinear uma "teoria crítica" e uma fenomenologia da alienação social decorrentes dessa análise.

14
A crítica ética 2: revendo a alienação

Por que a aceleração social leva à *Entfremdung*

Como todos sabemos, para o jovem Marx, o modo capitalista de produção resultava das cinco faces da alienação humana: em relação às suas *ações* (trabalho), aos seus *produtos* (coisas), à sua *natureza*, aos *outros seres humanos* (o mundo social) e, por fim, em relação *a si mesmo*. No final, Marx sugeriu que a Modernidade capitalista produziria condições sociais sob as quais os sujeitos estariam severamente restringidos no seu relacionamento com "o mundo" enquanto tal: eles se veriam alienados dos mundos subjetivo, objetivo e social. Ora, como todos sabemos também, o conceito ou "verdadeiro significado" da "alienação" nunca foi pacificado no discurso social, o que levou marxistas conservadores a desistir completamente dessa noção (SCHACHT, 1971; JAEGGI, 2005). Do mesmo modo, pensadores sociais fundamentalmente discordam quando a questão é saber se o capitalismo necessariamente cria ou não de verdade todas essas proclamadas formas de alienação (se é que cria alguma). Todavia, nesse capítulo final, gostaria de defender uma tese similar à de Marx em alguns aspectos, mas não em todos: tentarei mostrar que a aceleração social diz respeito à ultrapassagem de certos limites para além dos quais os seres humanos se tornam necessariamente alienados, não apenas de suas ações, dos objetos com os quais trabalham e vivem, da natureza, do mundo social e de sua subjetividade, mas também do próprio tempo e do próprio espaço. Deslocando a análise para uma perspectiva temporal, deixo em aberto a questão de saber se a lógica da mudança temporal é (puramente) econômica ou não. Como sugeri na primeira parte deste ensaio, realmente acredito que as forças motrizes da aceleração social na sociedade moderna excedem o âmbito do capitalismo econômico, mas essa crença não é essencial para meu argumento. Como a alienação surge com a velocidade? Examinemos essas teses uma por uma.

a) Alienação do espaço

Como também já sugeri, o núcleo do conceito de alienação como desejo empregá-lo reside na relação entre sujeito e mundo. A alienação indica uma distorção profunda e estrutural nesse relacionamento, nos modos como um sujeito é posto ou "localizado" no mundo. Ora, como os seres humanos são necessariamente subjetividades corporificadas, eles vivenciam inevitavelmente o mundo como algo espacialmente extenso e a si próprios como seres espacialmente localizados. Porém, como Paul Virilio (1997; 1998) e muitos outros observaram, na era da "globalização" digitalizada, a proximidade física e social estão cada vez mais separadas: as pessoas de quem somos íntimos socialmente não mais têm de ser aquelas que estão próximas de nós, e vice-versa. Do mesmo modo, a relevância social cada vez mais se distingue da proximidade espacial. Com isso, para muitos ou para a maioria dos processos sociais, sua localidade ou posição espacial não é mais relevante ou nem mesmo determinável. Tempo e espaço, como Anthony Giddens (1994) afirmou, tornaram-se desenraizados.

Ora, nada disso implica necessariamente um "alienar-se do espaço", mas o possibilita. Curiosamente, gerentes de hotel relatam ter cada vez mais de reconfortar seus hóspedes, que ligam para o balcão de atendimento pedindo ajuda para se orientar: eles perguntam em que cidade ou país estão naquele momento. Para se tornar "familiarizado" com certo espaço territorial, para se sentir "em casa" dentro de um mundo espacial, carecemos de certas formas de intimidade cultivada: o sentido da palavra alemã *Heimat*, a meu ver, indica precisamente que somos íntimos de certo espaço enquanto tal, mesmo daquelas partes e segmentos de que não nos utilizamos ou precisamos. Contudo, essas formas de intimidade e familiaridade levam tempo para se desenvolver: se uma pessoa se move e se desloca repetidas vezes, mais cedo ou mais tarde ela perderá essa conexão com um espaço geossocial específico: é preciso saber onde está o supermercado, a mercearia, bem como as escolas, os escritórios, a academia de ginástica, mas os espaços entre esses locais permanecem "silenciosos" no sentido que Augé (1992) dá ao conceito de *non-lieux* (não lugar): eles não contam nenhuma história, não carregam memórias, não estão entrelaçados com sua identidade. Isso, no final, também será verdade para os espaços de convivência mais íntimos, por exemplo, o equipamento de cozinha. Se uma pessoa mantém a mesma geladeira e o mesmo fogão por décadas, ela sabe como eles se parecem, como eles cheiram, ressoam: ela sabe até mesmo quais são suas falhas e deficiências. Mas se ela os troca duas vezes por ano, não fica mais interessada em suas características individuais, precisa saber apenas como colocar essas parafernálias para funcionar. Assim, a aceleração social cria uma mobilidade cada vez maior e um desengajamento em relação ao espaço físico, mas também reforça a alienação de nossos entornos físicos e materiais.

b) Alienação das coisas

Com isso, nós já entramos no espaço das coisas, um mundo que implica ao menos dois tipos de objetos: as coisas que produzimos e as coisas que usamos ou consumimos. Os seres humanos, eu diria, sempre tiveram relações íntimas e constitutivas ao menos com alguns objetos (HABERMAS, 1999). Com efeito, as coisas com as quais vivemos e trabalhamos são, em certa medida, constitutivas de nossa identidade. Entretanto, nossa relação com o mundo das coisas, como tentarei demonstrar, varia com a velocidade das taxas de câmbio. Se uma pessoa mantém as mesmas meias, o mesmo carro ou rádio portátil por décadas ou ao menos por alguns anos – dito de outro modo, enquanto ela presumir que deve conservar o mesmo carro, rádio ou meias, ou computador ou telefone, até que eles se esgotem ou se quebrem – há uma grande chance de essas coisas se tornarem parte da personalidade dela, e vice-versa, de essa pessoa se tornar parte dessas coisas. Um carro que ela própria conserta dez vezes ou meias que ela mesma remenda se tornam coisas apropriadas, individualizadas, ou até mesmo internalizadas por ela. Tais coisas são "acolhidas" e vivenciadas em todas as suas dimensões sensoriais, e elas também carregam as marcas daquela pessoa. Elas se tornam parte da experiência cotidiana vivenciada por ela, da identidade e da história dela. Nesse sentido, a subjetividade se estende sobre o mundo das coisas e as coisas passam a habitar a subjetividade também. Nos termos de Charles Taylor (2007), seria possível até mesmo afirmar que a subjetividade permanece em certa medida "porosa": jogar fora essas coisas passaria a ser um ato que toca nossa própria identidade.

Ora, na sociedade da aceleração, as coisas não são mais consertadas: conseguimos facilmente apressar a produção, mas não conseguimos acelerar significativamente a manutenção e os serviços. Desse modo, consertar as coisas se torna cada vez mais caro em comparação com a reprodução delas. Ademais, como a maioria dos produtos se torna cada vez mais tecnicamente complicada, perdemos o conhecimento prático para que nós mesmos possamos repará-los. Por fim, conforme a velocidade da mudança social aumenta, o "consumo moral" das coisas sempre supera seu consumo físico: tendemos a jogar fora e a substituir carros, computadores, roupas e telefones muito antes de eles se exaurirem fisicamente. Todavia, as meias utilizadas apenas duas ou três vezes, o carro que se leva ao centro automotivo até mesmo para trocar os pneus e o celular cujo relógio nem mesmo se chega a acertar, enfim, todas essas coisas certamente não se tornam mais parte da personalidade de ninguém. Elas obviamente permanecem "alienadas" em relação às pessoas. Por si só, essa experiência não resulta necessariamente em alienação, o que só ocorre quando ela é o tipo de relacionamento dominante ou único de alguém com o mundo das coisas. Ora, a tese que defendo é justamente a de que ela *realmente* se torna o tipo dominante. Vemos isso mais explicitamente no âmbito de nossa experiência profissional. Eu mesmo cheguei a dar um nome para o primeiro computador que tive. Tinha certeza de que ele ficaria comigo por muito tempo, e tentei fazer amizade com ele. Nomear uma coisa é um sinal inequívoco da tentativa de se familiarizar com ela, de *apropriá-la*. Eu realmente me senti mal quando, por fim, tive de me desfazer dele por causa do consumo moral. Hoje em dia, nem mesmo sei que tipo de computador utilizo, nem qual é o cheiro ou aparência dele quando não estou em meu escritório, ou ainda como ele soa. Não ligo para quanto tempo ficarei com ele. Isso vale para o celular ou para o notebook. Nesses casos há um fator adicional: enquanto meu telefone móvel, meus dispositivos portáteis (ou IPad ou o que quer que seja) e meus computadores (ou laptop ou notebook ou seja lá o que for) se tornam obviamente cada vez mais inteligentes, a distância entre eu e eles inevitavelmente aumenta. Em meu velho computador portátil eu sabia como acertar o relógio, neste novo, não sei; nunca me dei o trabalho de descobrir como fazer isso. Na era das fitas-cassete eu sabia como gravar a música do rádio, com as novas tecnologias, não sei mais. Em meu velho celular sabia como mudar o tom, no novo, eu não sei.

Assim, enquanto as coisas ficam cada vez mais sofisticadas, eu fico cada vez mais estúpido em relação a elas; de fato, perco meu conhecimento cultural e prático. Essa é uma consequência natural da desvalorização incessante da experiência pela inovação. Eu também fico alienado das coisas que possuo no sentido de me sentir mal por não lidar com elas corretamente. Desse modo, quando muito, sinto-me culpado em relação a elas, tão valiosas e inteligentes, e eu aqui utilizando-as como um idiota. Infelizmente, isso vale não só para o hardware, mas também para o software. Eu fui um usuário realmente familiarizado com o programa Word para DOS. Eu conhecia todas as opções, todos os truques. Conseguia fazer tudo o que eu queria. Também cheguei a me familiarizar bastante com o sistema XP: sabia lidar muito bem com ele no nível das necessidades cotidianas. Mas me sinto totalmente iletrado diante da nova interface do Vista: não sei mais como usar os atalhos, como inserir gráficos e tabelas etc. Em resumo, eu e o novo software continuamos totalmente alienados um do outro, e isso vale para meu novo relógio, meu novo Ipad (ok, para ser honesto, não uso Ipad, mas não compreendo meu novo notebook), meu novo micro-ondas.

Por certo, hoje em dia, os indivíduos procuram compensar essas experiências perturbadoras de alienação, adquirindo objetos exclusivos e caros, como um vaso exótico, um grande piano ou um telescópio específico que supostamente devem durar bastante tempo. Porém, na maioria das vezes, a porosidade nunca é alcançada; em vez dela, o complexo de culpa cresce: essas coisas são tão caras e não conseguimos lhes dar tempo e atenção. Com isso, vivemos, caminhamos e trabalhamos dentro e através de arredores dos quais permanecemos alienados.

c) Alienação de nossas ações

Com isso, não é de surpreender que possamos começar a nos sentir alienados de nossas ações também. Se o oposto do sentimento de alienação é a "sensação de estar em casa" (em certo lugar, com certas pessoas ou com certas ações, p. ex.), então podemos efetivamente dizer que, muitas vezes, não nos sentimos desse modo ao fazer as coisas que fazemos. A alienação, aqui, pode derivar de duas causas, a primeira relacionada aos produtos e ferramentas tecnológicos que acabamos de discutir: na vida moderna, temos constantemente de lidar com equipamentos e instrumentos – e resolver tarefas – com os quais nunca realmente aprendemos a lidar e de que nunca nos apropriamos efetivamente. Assim, até mesmo enquanto escrevo este texto com meu novo notebook, o computador faz coisas estranhas – o cursor subitamente se desloca e pula de formas absolutamente misteriosas para mim, criando uma sensação de alienação até mesmo numa das raras atividades nas quais eu geralmente me sinto completamente "unido" comigo mesmo e envolvido com ela, qual seja, escrever um livro. Hoje mais cedo, viajei de avião entre Viena e Zurique e não me senti em nenhum momento realmente seguro em relação aos procedimentos e cronogramas com que tive de lidar. Isso vale para os formulários de imposto e muitos outros formulários que preciso preencher.

Em geral, nesse contexto, a alienação resulta do fato de nunca conseguirmos encontrar tempo para nos informarmos verdadeira e suficientemente sobre as coisas em que estamos envolvidos. Todos os manuais, todos os contratos que assinamos (sobretudo na internet), todas as pílulas que tomamos trazem consigo o aviso "por favor, leia cuidadosamente as informações abaixo antes de fazer alguma coisa" – e obviamente *nunca* lemos esse manual, contrato, "balanço contábil" ou informação médica (completamente) antes de utilizá-los. Assim, a sobrecarga de informação é uma das razões para nossa sensação de alienação (queiramos ou não chamá-la desse modo) no mundo moderno.

Isso não se aplica apenas às pequenas coisas tecnológicas e decisões cotidianas, o mesmo ocorre com as grandes decisões da vida: por exemplo, um estudante que se formou no Ensino Médio e pondera a respeito da universidade onde se matriculará. Todos os guias que ele consultar lhe darão o mesmo conselho honesto: "primeiro, defina consigo mesmo exatamente o que você deseja fazer e o que precisa para conseguir fazê-lo. Então estude cuidadosamente os catálogos e programas disponíveis das universidades que oferecem os cursos que você busca". Grande conselho. Mas, primeiramente, formandos do Ensino Médio sofrem cada vez mais do problema de *não saber* exatamente do que eles precisam e o que eles querem fazer em suas vidas. Em segundo lugar, mesmo se eles se decidem por um campo de estudo, quais universidades oferecem realmente tudo de que eles precisam? Terceiro ponto: nunca no curso de vida desses formandos eles terão tempo suficiente para estudar e comparar os programas em oferta. Assim, eles inevitavelmente começarão o curso com uma má consciência, pularão sobre o que é apenas parcialmente conhecido, apesar de que poderiam e deveriam ter se informado plenamente. A mesma coisa acontece com a maioria das outras decisões básicas da vida: Será que conseguimos nos informar completamente a respeito do que cada religião diz sobre cada problema, verificando, com isso, qual delas realmente responde melhor às nossas carências e convicções?[23] Temos certeza de que vivemos com o cônjuge correto? Ou, num nível mais básico: Temos a melhor companhia de seguro, conta de banco, empresa de energia e planos de previdência e aposentadoria (ou assistência médica para nossos pais) que se pode ter? Ou ainda, menos ambiciosamente, estamos confiantes, ao menos, de que as condições oferecidas por nossa companhia de seguro, conta de banco ou plano de previdência são OK? Caso contrário, como podemos nos sentir "em casa" quando lidamos com essas questões?

Entretanto, os leitores podem achar a tese da alienação, colocada dessa forma, muito extrema, e concordo que nada disso é sua principal fonte, no mundo das práticas e ações cotidianas modernas. Defino alienação de início como a sensa-

---

[23] Tenho perfeita consciência de que essa não é a forma como os crentes refletem sobre sua religião. Eles não escolhem um Deus, eles são escolhidos por (um) Deus. Nesse ponto, as relações religiosas efetivamente permanecem "pré-modernas".

ção de "não querer realmente fazer o que se faz", mesmo que se aja por si mesmo, de livre-vontade e decisão. Por exemplo, num dia comum no escritório ou mesmo em casa: muitas vezes, ligamos o computador com a (melhor) intenção de fazer algo que efetivamente achamos útil e importante e que nitidamente desejamos fazer. Por exemplo, hoje liguei o computador porque queria escrever este livro sobre aceleração e alienação (de fato, não tenho tanta certeza de que realmente quero fazer isto agora mesmo, talvez eu preferisse escutar o novo álbum do U2 que acabei de comprar, mas o prazo para entregar este manuscrito já estava quase dois anos atrasado!). Todavia, antes de começar a escrever, passei rapidamente por algumas páginas da internet que geralmente visito: dei uma olhada na CNN, num site de resultados do campeonato alemão de futebol e em outro, sobre as últimas novidades do *rock* progressivo. Ora, não estou certo de que "realmente" gostaria de usar a internet desse modo – tive uma estranha sensação quando fiz isso e essa leve sensação de insatisfação aumentou a cada novo *link* que segui, pois praticamente nunca terminava de ler nenhum dos artigos até o fim. Ainda assim, alguém poderia talvez dizer que isso na verdade é um problema pessoal meu, uma fraqueza de vontade que não tem nenhuma relação com estruturas sociais alienantes. Bem, eu poderia contra-argumentar dizendo que essa mesma experiência alienante e absorvente é partilhada por milhões ou bilhões de usuários de internet e, portanto, dificilmente poderia ser atribuída à minha fragilidade individual. Mas, tudo bem, aceito a culpa por enquanto. Pois na próxima etapa as coisas realmente ficam pior: começo a verificar minha conta de e-mail e, por mais ou menos 90min, faço coisas que obviamente eu não gostaria de fazer. Não preciso entrar em detalhes aqui, pois os leitores já sabem do que estou falando: queria escrever meu livro, mas acabei enviando uma série de arquivos e respostas em vez disso, "contraindo" toda uma carga de fardos e considerações que não tinha antes. No fim, restaram apenas 30min para o livro.

Porém, essa forma de nos "distrair" do (e de dissolver o) que "realmente queremos fazer" é observável não só com respeito às atividades relacionadas à tecnologia. Em quase todas as áreas profissionais, os empregados (bem como os empregadores) reclamam de que o tempo efetivamente dedicado à "essência de seus negócios" míngua: isso se aplica ao tempo dos médicos com seus pacientes, ao tempo em que o professor tem para ensinar ou educar, ao tempo dos cientistas com suas pesquisas etc. No fim das contas, a afirmação de que nós nunca realmente "chegamos a fazer" aquilo que "queremos fazer" se baseia simplesmente no fato de que, como observado na primeira parte deste livro, a "lista de afazeres" se torna cada vez maior em todos os âmbitos da vida a cada ano. A "retórica do devo fazer" assinala essa sensação íntima de alienação de forma bastante explícita: que tendamos a justificar o que quer que façamos com desculpas do tipo "eu preciso fazer isso (ler as notícias, atualizar meu computador, preencher o formulário dos impostos, comprar roupas novas etc. etc.) agora mesmo" é uma indicação inequívoca do grau de heteronomia com que vivenciamos essas atividades. E isso, por sua vez, corresponde estatisticamente às reclamações que os pesquisadores ouvem de pessoas de quase todos os grupos sociais em praticamente todos os países desenvolvidos, queixas de que elas "nunca conseguem encontrar tempo de verdade" para fazer as coisas que elas mais gostam de fazer realmente (para evidências estatísticas, cf. ROSA 2005a, p. 213-235). Curiosamente, porém, essa é a uma sensação onipresente até mesmo entre as pessoas que encontram tempo para assistir TV (ou navegar na internet) por três ou mais horas por dia! Ora, por certo, talvez alguém diga que, se é assim, então as pessoas verdadeira e "realmente" preferem assistir TV do que não importa qual outra atividade declarada como mais predileta (p. ex., tocar violino, sair para caminhar, visitar amigos ou assistir a uma ópera de Wagner). Contudo, não é esse o caso: os dados de pesquisas e de estudos sobre sensações e níveis de satisfação das atividades nitidamente sugerem que as pessoas, de fato, gostam muito mais dessas últimas atividades tão logo consigam se envolver com elas verdadeiramente. Os níveis de contentamento e de satisfação ao assistir TV, em contraste, são sensivelmente baixos (cf. KUBEY; CSIKSZENTMIHALYI, 1990). Não importa como queiramos interpretar essa estranha descoberta[24], o fato, aparentemente, é que as pessoas raramente fazem "o que realmente querem fazer"; em vez disso, elas se envolvem – sem serem coagidas, obviamente – em atividades das quais, na verdade, não gostam muito. Ora, isso é quase um caso paradigmático de alienação como definido antes: as pessoas fazem voluntariamente o que elas não querem "realmente" fazer.

---

24 Para uma tentativa de dar um sentido a isso, cf. Rosa 2005a, 222s.

Essa forma estranha e muito nova de alienação em relação às nossas próprias ações, a meu ver, também resulta da lógica autopropulsora da competição e da aceleração. Dentro de um mundo estruturado pelos imperativos da velocidade, somos não só aconselhados a buscar realizar desejos de curto prazo (como ao assistir TV) em vez de fazê-los evoluir a longo prazo (como ao praticar o violino), mas também levados, como argumentei acima, a comprar "potencialidades" e opções em vez de bens – e, com isso, a compensar pelo consumo "real" sacrificado com mais *shopping*. Não reservamos nem achamos tempo para ler *Irmãos Karamazov* – em vez disso, compramos o *Idiota*, de Dostoiévski também; não reservamos o tempo para aprender de verdade como usar nosso telescópio (pois isso consumiria muito tempo: em quatro de cada cinco noites, planejamos sair de casa com o instrumento, mas as nuvens obscurecem a visão; na quinta noite, está muito frio; na sexta, não nos sentimos bem; na sétima noite chegamos a realmente sair com o telescópio, mas rapidamente se descobre que é extremamente difícil encontrar até mesmo a lua dentro do pequeno segmento do céu que se consegue realmente ver através da lente), compramos então uma câmera nova que teoricamente poderia se acoplar ao telescópio. Assim, nossos poderes, opções e acessibilidades aumentam incessantemente, enquanto as capacidades que "realizamos" efetivamente sofrem progressivamente. Temos mais livros, CDs, DVDs, telescópios, pianos etc. do que nunca antes, mas não conseguimos digeri-los. Isso porque "digeri-los" consome muito tempo e sentimos uma urgência cada vez maior de correr atrás do tempo perdido, então compensamos pelo consumo não realizado com mais *shopping*. Isso é bom para a economia, ruim para a boa vida – e obviamente um ponto de partida bastante promissor para rever o conceito de "falsas necessidades".

Assim, ao fim e ao cabo, tendemos a esquecer o que "de fato" queríamos fazer e quem de fato queríamos ser – estamos tão dominados pela busca do término da "lista de coisas para fazer" e pelo envolvimento com as atividades do momento – gratificação consumista (como comprar ou assistir TV) –, que perdemos nossa percepção das coisas "autênticas" ou caras para nós. Desse modo, como Ödön von Horvath afirmou certa vez, no final das contas temos a sensação de que, na verdade, somos uma pessoa muito diferente – só não conseguimos encontrar tempo para ser essa pessoa. Isso, porém, indica haver mais duas formas de alienação: a *autoalienação*, por um lado, e uma forma muito peculiar de *alienação em relação ao tempo*, por outra. Permitam-me começar com essa última.

d) Alienação do tempo

Como todos sabemos, é possível medir o tempo do relógio objetivamente, mas a experiência do tempo, sua "duração interior", é um fenômeno bastante elusivo e subjetivo. Meia hora pode ser incrivelmente rápido ou excruciantemente longo, dependendo das circunstâncias e atividades com as quais estamos envolvidos. Entretanto, há pesquisas empíricas que efetivamente fornecem informações bem consistentes (e surpreendentes) sobre nossa experiência interior do tempo. Desse modo, podemos facilmente averiguar em nossa própria vivência e memória a existência do fenômeno chamado "paradoxo subjetivo do tempo". Ele mostra que o *tempo da experiência* e o tempo da *reminiscência* têm qualidades inversas: se fazemos algo de que realmente gostamos e recebemos muitas impressões novas, intensas e estimulantes, o tempo normalmente corre bem rápido. Mas quando olhamos para trás, no fim do dia, sentimo-nos inevitavelmente de que vivemos um dia enormemente *longo*. Considere, por exemplo, uma viagem num feriado, digamos, de Estocolmo para a Riviera. Ela começa de manhã, bem cedo, com um trem, depois um avião para Munique. Em seguida uma pequena volta pela cidade, passando algum tempo pelos Alpes e depois, ao anoitecer, uma parada num belo café diante do Mar Mediterrâneo. Quando o viajante vai para a cama nesse dia é possível que ele pense ter partido de Estocolmo, na verdade, há dois ou três dias. Assim, um tempo (curto) que corre rápido na experiência se torna um (longo) tempo estendido na memória. Mas o reverso também é verdade: considere-se um dia que vivemos bastante entediados, aguardando horas na estação ou em algum escritório burocrático, possivelmente com tempo de espera adicional no trânsito. Enquanto esperamos, o tempo, por certo, parece miraculosamente se arrastar. Parece que estamos sentados lá por horas, enquanto, de fato, o relógio mostra um avanço de apenas 10min. O tempo se move lentamente. Quando formos para a cama no fim deste dia, porém, teremos a impressão de que acabamos de nos levantar: milagrosamente, é como se aquele dia tivesse passado "como nada". O tempo longo e lento da experiência se torna bastante curto na memória (cf. FLAHERTY, 1999).

Até aqui, tudo bem, isso não é nem novo nem particularmente revoltante. Mas é agora que as coisas ficam interessantes. Aparentemente, em nosso mundo midiático tardo-moderno, essas formas "clássicas" longo-curtas ou curto-longas de experiência do tempo são substituídas por uma nova forma que, curiosamente, segue um padrão "curto-curto": Consideremos o que acontece quando chegamos em casa e decidimos "dar uma zapeada rápida" pelos programas de TV. Podemos facilmente zapear e ver os canais da televisão por horas, ou escolher um suspense realmente instigante, e o tempo corre bem rápida e despercebidamente, tal como na viagem. E, como na viagem, recebemos muitos estímulos, nosso coração pode bater mais rápido quando o assassino vira a esquina. Contudo, tão logo desligamos o aparelho de TV, o tempo não parece se estender (como ocorre na viagem), mas diminui para quase nada. Quando vamos para a cama neste dia, o período assistindo à televisão terá evaporado, como na experiência longo-curta; a pessoa que ficar praticamente o dia inteiro vendo TV terá a sensação de ter acabado de acordar. Portanto, o que emerge é um padrão curto/curto: o tempo corre rapidamente na experiência, mas diminui na memória.

Ora, se isso ocorresse apenas com a TV, não seria tão notável assim. Já sabemos que a tela da televisão faz coisas estranhas com a gente. Porém, minha tese é a de que esse padrão curto-curto é muito mais comum no mundo da vida tardo-moderna. Essa mesmíssima experiência, por exemplo, ocorre ao navegar pela internet ou ao jogar (alguns tipos de) *games* de computador. Consideremos, por um momento, quais razões podemos encontrar para essa inversão experimental do tempo. Acredito que a diferença entre a TV e a viagem é dupla: primeiramente, a viagem envolve todos os nossos sentidos, é uma experiência corporal em todos os sentidos. Por outro lado, assistir à televisão é algo "dessensualizado": nós mal movemos nossas cabeças, tudo vai diretamente para nossos olhos, dentro de uma perspectiva bem limitada, e não há percepções sobre nossa pele, em nosso olfato etc. Em segundo lugar, a história ou as histórias nas quais mergulhamos ao ver TV (ou ao jogar o *game* do computador) estão descontextualizadas: elas não têm nada a ver com o que ou quem somos, com o modo como nos sentimos e com o resto de nossas vidas. Elas não "respondem" significativamente a nossos estados ou experiências internas. Assim, durante essas atividades, absorvemos "episódios isolados" de ação ou experiência. Tais episódios não deixam "traços de memória" em nossos cérebros: uma vez que não são relevantes para nossas vidas ou identidades como um todo, e uma vez que elas não acrescentam nada a nossas experiências passadas, tendemos a (e temos as condições de) esquecê-las imediatamente. Essa tendência a apagar (ou a não deixar) traços de memória é, de fato, bastante útil numa sociedade em aceleração, na qual a maior parte das experiências são anacrônicas e inúteis e onde é sempre necessário estar pronto para o novo e o inédito. Mas parece ser a presença ou ausência de traços (profundos) de memória que determina se o tempo será curto ou longo para um olhar retrospectivo.

Ora, se isso é verdadeiro e relevante, temos boas razões para diagnosticar uma tendência geral para o domínio do padrão curto-curto na experiência de tempo tardo-moderna: cada vez mais nos envolvemos em atividades e contextos que são rigorosamente isolados uns dos outros. Assim, podemos ir para a academia de ginástica, em seguida para um parque temático, depois para um restaurante e um cinema, visitar o zoológico, participar de uma conferência ou de uma reunião de negócios, fazer uma parada no supermercado etc. Todas essas atividades resultam em episódios isolados de ação e experiência, que não se conectam uns com os outros de um jeito integrado ou significativo. No fim, mal podemos nos lembrar de ter estado lá.

De fato, essa é uma tendência que Walter Benjamin já identificava há quase um século. Em alemão, ele podia distinguir entre *Erlebnissen* (i. é, episódios de experiência[25]) e *Erfahrungen* (experiências que deixam uma marca, que se conectam a, ou são relevantes para, nossa identidade e história; experiências que tocam ou transformam quem somos). E ele sugere que podemos estar nos aproximando de uma era que é rica em *Erlebnissen*, mas pobre em *Erfahrungen*. É possível facilmente distinguir as duas sondando a memória. Como diz Benjamin, precisamos de *souvenirs*, traços de memória externos, para nos lembrar das meras "vivências" episódicas, ao passo que nunca poderíamos nos esquecer das verdadeiras experiências no sentido das *Erfahrungen*. Ora, sugere Benjamin, não é por acaso que os turistas modernos precisam de *souvenirs*. Devo

---

25 Nas obras de Benjamin traduzidas no Brasil, costuma-se traduzir *Erlebnis* por "vivência" e *Erfahrung* por "experiência". Cf. BENJAMIN, W. *Charles Baudelaire – Um lírico no auge do capitalismo*. Trad. de José Carlos Martins Barbosa e Hemerson Alves Batista. São Paulo: Brasiliense, 2000 [N.T.].

confessar que, muito frequentemente, tenho de verificar meu diário para ver se já estive ou não em certa cidade (ou mesmo em certa conferência). Não consigo fazer isso apenas com minha "memória interna".

Porém, o que Benjamin não poderia prever é que mesmo os *souvenirs* só conseguem funcionar se eles tiverem alguns traços de memória emocionais "inscritos". Certamente uma pessoa deseja guardar aquelas lembranças e fotografias que a fazem lembrar de seu primeiro amor, de sua primeira viagem sozinha para o estrangeiro; porém, cada vez mais, as pessoas se cansam de todos esses *souvenirs* e imagens coletadas: elas não têm nada para nos dizer, elas nos deixam "frios". Não conseguem instigar nada dentro de nós, pois são apenas traços externos de vivências episódicas, que estão totalmente desprovidas de sentido para nós agora. Desse modo, como previsto por Benjamin, ficamos cada vez mais ricos em vivências episódicas, mas cada vez mais pobres em experiências de vida (*Erfahrungen*). Como resultado, o tempo parece "correr nos dois sentidos": passa muito rápido e se exaure na memória. Isso, na verdade, pode até mesmo ser a explicação central para nossa sensação tardo-moderna da alta velocidade do tempo. Tal como com nossas ações e mercadorias, o que ocorre aqui é uma falta de "apropriação do tempo", nós não conseguimos fazer do tempo de nossas experiências o "nosso" tempo: permanecemos *alienados* dos episódios de vivência e do tempo que lhes devotamos. Essa deficiência de apropriação das nossas próprias ações e experiências, todavia, conduz necessariamente a formas mais severas, e não menos, de *autoalienação*.

e) Alienação de si e dos outros

Em certo sentido, portanto, a aceleração conduz simples e diretamente, primeiro, à desintegração; segundo, à erosão dos compromissos. Não conseguimos integrar nossos episódios de ação e de vivência (e as mercadorias que adquirimos) à totalidade da vida e, consequentemente, ficamos cada vez mais desligados ou desconectados dos tempos e dos espaços de nossa vida, de nossas ações e de nossas experiências, bem como das coisas com as quais vivemos e trabalhamos. Não é nada surpreendente que isso também ocorra no mundo social. Segundo os argumentos convincentes de Kenneth Gergen, a subjetividade tardo-moderna encontra tantas outras pessoas (no trânsito, no telefone, pelo e-mail etc.) num tempo tão curto que ela logo está completamente "saturada":

> Na comunidade olho no olho, o conjunto de outros permanecia relativamente estável. Havia mudanças por conta de nascimentos e mortes, mas sair de uma cidade – para não dizer de um estado ou país – para outra era difícil. O número de relacionamentos mantido comumente no mundo de hoje contrasta nitidamente com isso. Se contarmos a família de uma pessoa, o programa matinal de notícias na sua TV, o rádio que ela ouve no carro, as pessoas na sua baldeação de metrô e o jornal local que ela lê, o trajeto típico dela nas duas primeiras horas de seu dia encontra tantas outras pessoas diferentes (em termos de visões e imagens) quanto alguém numa vida comunitária encontraria num mês (GERGEN, 2000, p. 62).

Por meio das tecnologias deste século, o número e a variedade de relacionamentos nos quais estamos envolvidos, a frequência potencial de contatos, a intensidade explicitada de tais relações e sua persistência no tempo, tudo isso cresce constantemente. À medida que esse crescimento se torna extremo, atingimos um estado de saturação social (GERGEN, 2000, p. 61; cf. 49s.).

Por consequência, torna-se estruturalmente improvável que nos "relacionemos" uns com os outros de verdade. Se uma pessoa está com pouco tempo, ela talvez ainda esteja disposta a trocar informação com outros e a cooperar com eles em termos mais ou menos instrumentais, mas a última coisa que ela quer ouvir é a história de vida desses outros ou os problemas pessoais deles. *Vamos beber alguma coisa*, sim, mas não vamos tentar tornar isso muito pessoal e firmar relações profundas no sentido de "eixos de ressonância" verdadeiros (TAYLOR, 2007). Esse tipo de relacionamento leva tempo para ser construído e é doloroso de dissolver – duas tarefas problemáticas num mundo de encontros rápidos e cambiantes.

A *autoalienação*, portanto, pode ser um perigo iminente na sociedade da aceleração tardo-moderna, e isso é quase autoevidente levando em conta os argumentos apresentados até aqui. Se estamos alienados do espaço e do tempo, de nossas experiências e ações, bem como de nossos parceiros de interação, dificilmente poderíamos evitar a sensação de uma profunda autoalienação. Pois, como Charles Taylor e muitos outros no debate do assim chamado comunitarismo liberal (e tantos outros ainda antes deles) convincentemente argumentaram, a percepção de nossa própria subjetividade deriva das nossas ações, experiências e relacionamentos, do modo como somos situados (e nos situamos) no mundo social e espaçotemporal, incluindo o mundo das coisas (cf. ROSA, 1998; 2005, p. 352s.). Todos as ações e vivências episódicas pelas quais passamos, todas as opções que temos, as pessoas que conhecemos e as coisas que adquirimos são o material bruto para muitas narrativas possíveis que podemos dar de nós mesmos, das muitas histórias que poderíamos formar para determinar nossa identidade. Porém, nenhuma dessas histórias parece conclusiva, pois nenhuma delas é verdadeiramente apropriada (não é de se admirar que temos pouca inclinação para ouvir a história de vida de outras pessoas). Quem somos e como nos sentimos depende dos contextos nos quais nos movemos, e não pareceremos mais capazes de integrá-los em nossa experiência e ação. Isso pode facilmente resultar na "exaustão da subjetividade" ou mesmo em *esgotamento* (*burnout*) e *depressão*, como Alain Ehrenberg (1999; cf. ROSA, 2005a, p. 388s.) sugere. Se é "a importância daquilo com que nos importamos" que constitui nossa identidade (FRANKFURT, 1988), a perda dessa sensação, dessa hierarquia persistente de relevância e de direção não poderia senão levar a uma distorção no relacionamento de uma pessoa consigo mesma. A alienação do mundo e a alienação de si não são duas coisas separadas, mas somente dois lados da mesma moeda. Ela persiste quando os "eixos de ressonância" entre a subjetividade e o mundo ficam em silêncio.

Conclusão

Este ensaio, obviamente, apresentou uma descrição bastante enviesada e unilateral da vida tardo-moderna. Desde o início, ele sublinhou os perigos e armadilhas, e negligenciou os ganhos e oportunidades da velocidade. Ademais, a noção central de alienação ainda é conceitualmente difusa e filosoficamente subdesenvolvida. Porém, este trabalho não tinha como propósito aparecer já com uma nova versão plenamente desenvolvida da teoria crítica, mas abrir caminho e estabelecer os fundamentos para isso, em dois sentidos: em primeiro lugar, espero ter convencido os leitores da necessidade de uma análise ampla e crítica das estruturas temporais da sociedade (tardo-)moderna. Em segundo lugar, quis demonstrar a possibilidade de reintroduzir o conceito de alienação na teoria crítica contemporânea. Essa reintrodução, acredito, pode ser realizada sem recair em conceitos essencialistas de *essência* ou *natureza humana*. Aquilo de que somos alienados por meio das imposições da velocidade, como argumentei, não é nosso ser interno imutável ou inalienável, mas nossa capacidade de nos apropriarmos do mundo.

Se, por exemplo, é verdade que nós, como cidadãos-consumidores tardo-modernos, tentamos compensar a falta de apropriação com acréscimo de aquisições e confundimos consumir e comprar, então talvez tenhamos uma base não paternalista e não perfeccionista para estabelecer uma crítica contemporânea da alienação e das falsas necessidades. Não é o cientista social que sabe misteriosamente quais são "nossas" verdadeiras necessidades, é o próprio sujeito-consumidor que apresenta formas de insatisfação e compensação que podem ser analisadas por meio de uma introspecção atenta, dentre outros métodos.

Ademais, essa crítica da "alienação temporalmente causada" não pressupõe um ideal enganoso de subjetividade livre de toda tensão, conflito ou separação inerente. Como críticos da ideia de "autenticidade verdadeira" – de Helmuth Plessner a Adorno e autores pós-estruturalistas contemporâneos – argumentaram convincentemente, não há muita dúvida de que qualquer tentativa de eliminação política ou cultural da alienação leva a formas totalitárias de filosofia, cultura e política, bem como a formas totalitárias de personalidade.

Sim, a subjetividade humana é inevitavelmente descentrada, cindida, cheia de tensões e definida por conflitos insolúveis entre desejos e avaliações. Contudo, as imposições tardo-modernas da velocidade, da competição e dos prazos criam dois dilemas que, ainda assim, justificam esse veredito a respeito de uma nova forma de alienação que demanda a crítica social: primeiro, tais imposições resultam em padrões de comportamento e de experiência que, como tentei demonstrar, não são criados por um ou outro conjunto de valores ou desejos, mas que permanecem verdadeiramente "alienados" dos sujeitos.

Em segundo lugar, diferentemente de outros tipos de regime sociocultural, como o da Igreja Católica, o cenário tardo-moderno não provê ideias ou instituições de "reconciliação" possível: todas as falhas e insuficiências recaem diretamente sobre os indivíduos. Se somos infelizes ou fracassamos e somos desclassificados da corrida, isso ocorre totalmente por nossa falha. Uma consequência disso é que os sujeitos nesse contexto tardo-moderno em alta velocidade cada vez mais não conseguem reconciliar e alinhar os diferentes horizontes temporais de suas vidas: os padrões, estruturas, horizontes e expectativas de nossas ações cotidianas, mesmo quando podemos controlá-las, separam-se cada vez mais das expectativas e horizontes que desenvolvemos para nossa vida como um todo, bem como da perspectiva temporal de nosso plano de vida. Além disso, como tentei pontuar, carecemos de uma percepção capaz de definir a conexão entre nossas estruturas de tempo individuais e nosso lugar no tempo histórico (para não mencionar o cosmológico).

Assim, a crítica das estruturas temporais da sociedade, dos motores de sua aceleração e de suas consequências alienantes, a meu ver, é a candidata mais promissora dentre os futuros possíveis da teoria crítica. Talvez ela seja até mesmo a única opção disponível racionalmente num mundo que se tornou rápido e instável demais para uma análise exaustiva de suas características. O fato de o mundo parecer elusivo demais não apenas para sua formulação política planejada, mas também sua reconstrução racional e para sua apropriação epistemológica, a meu ver, não é a causa, mas o resultado de uma alienação cujo núcleo é uma distorção total (temporal) da relação tardo-moderna entre o mundo e a subjetividade.

Para os sujeitos tardo-modernos, o mundo (incluindo sua subjetividade) se tornou silencioso, frio, indiferente e até mesmo repulsivo. Isso, porém, indica uma forma mais exaustiva de alienação, se tomamos a "responsividade" na relação subjetividade-mundo como o próprio "oposto" da alienação. Precisamos, por certo, de uma descrição completa de como uma forma de vida *não alienada* poderia ser. Neste momento, não tenho nem mesmo um esboço dessa descrição. Contudo, estou convencido de que "o silenciamento" do mundo, a "surdez" na sua relação com a subjetividade, é a inquietação mais persistente e mais ameaçadora em todos os diagnósticos da "patologia" que encontramos em análises sociais críticas da Modernidade: a ideia de que só podemos *fazer um chamado* ao mundo e esperar por uma resposta que talvez nunca recebamos não só é a raiz das explicações existencialistas do absurdo, como disse Camus, mas também reside no núcleo do conceito de alienação do jovem Marx, da preocupação de Weber com o desencantamento, das análises da anomia feitas por Durkheim, das reflexões de Lukács (e Marcuse ou Honneth) sobre a reificação e do temor de Adorno e Horkheimer a respeito de uma dominação completa da razão instrumental.

A meu ver, a *mímesis*, antídoto proposto por Adorno, é definida diretamente por aquele contraponto conceitual de uma abordagem "responsiva" mútua entre subjetividade e mundo. Até hoje, na história do Ocidente, aparentemente, houve duas grandes formas culturais, ou sistemas, capazes de tornar o mundo "responsivo": a *religião*, que possibilita a existência de um ou vários deuses capazes de dar respostas em algum lugar; e a *arte* – a poesia e, antes de tudo, a música – que, como disseram os românticos, desperta o mundo e o faz responder com canções[26]. Por isso, é bem possível que o "retorno da religião" na Tardo-modernidade bem como esse seu traço tão peculiar de "musicalização" onipresente na vida cotidiana – não há supermercado, elevador ou aeroporto sem música e um número crescente de pessoas tenta aparentemente estimular experiências de "autorressonância" por meio de plugues de ouvido, ao mesmo tempo em que, ao fazerem isso, terminam por demonstrar uma total não ressonância com e por seu ambiente – sejam, de fato, sintomas de um desastre na ressonância tardo-moderna.

Parece-me que, a partir daí, conclui-se que a ideia de uma "boa vida", no final, poderia ser a de uma vida rica em experiências multidimensionais de "ressonância"; uma vida que vibra ao longo de "eixos de ressonância" discerníveis, para usar as palavras de Charles Taylor uma última vez. Tais eixos podem se desenvolver nas relações entre o sujeito e o mundo social, o mundo dos objetos, a natureza, o trabalho etc. A *ressonância*, tomada como "o outro da alienação", é obviamente um conceito existencialista ou emotivo, mais do que cogniti-

---

[26] "Schläft ein Lied in allen Dingen, die da träumen fort und fort, und die Welt hebt an zu singen, triffst Du nur das Zauberwort" ("Dorme uma canção em todas as coisas, / Que ali sonham mais e mais, / E começa a cantar o mundo inteiro / Se tocas a palavra-mágica"): Este pequeno poema de Joseph Freiherr von Eichendorff é provavelmente o poema do romantismo alemão mais paradigmático (e o mais frequentemente citado).

vo: que o mundo ressoe ou não conosco não é algo que pareça depender muito do *conteúdo* cognitivo de nossa conceitualização da relação subjetividade-mundo. Muito pelo contrário, encontrar ou não histórias plausíveis e atrativas sobre um Deus benigno ou sobre uma natureza encantada "mais profunda" é muito provavelmente algo que depende de nosso "ser no mundo" pré-cognitivo: se percebemos esse mundo como pouco convidativo, frio e indiferente, essas histórias ficam com pouca credibilidade. Todavia, é bastante evidente que as estruturas cognitivas de nossa própria concepção subjetividade-mundo têm alguma influência sobre o modo como vivenciamos o mundo também. Se acreditarmos, por exemplo, que satanás está à espreita atrás de cada esquina, começaremos a perceber o mundo como um lugar hostil. E se acreditarmos nas teorias da *escolha racional*, segundo as quais o único objetivo dos seres humanos é satisfazer (de modo instrumental) suas preferências e funções utilitárias, não deveremos ficar surpresos se o mundo parecer ficar totalmente "silencioso".

A essa altura, isso tudo certamente é mera especulação, mas uma especulação que acredito ser suficientemente interessante para estimular mais pesquisas a respeito de uma teoria crítica da aceleração e da alienação.

Referências

APPADURAI, A. (1990). Disjuncture and Difference in the Global Cultural Economy. In: FEATHERSTONE, M. **Global Culture**: Nationalism, Globalization and Modernity. Londres: Sage.

ARANSON, J. (2001). Autonomy and Axiality. In: ARNASON, J.P.; MURPHY, P. (eds.). **Agon, Logos, Polis**: The Greek Achievement and its Aftermath. Stuttgart: Franz Steiner. p. 155-206.

AUGE, M. (1992). **Non-Lieux** – Introduction & une anthropologie de la surmodernité. Paris: Verso.

BAIER, L. (2000). **Keine Zeit!** – 18 Versuche über die Beschleunigung. Munique: Kunstmann.

BAUDRILLARD, J. (1994). **The Illusion of the End**. Oxford: Polity.

BAUMAN, Z. (2000). **Liquid Modernity**. Cambridge: Polity.

BECK, U.; GIDDENS, A.; LASH, S. (1997). **Reflexive Modernization**: Politics, Tradition and Aesthtics in the Modern Social Order. Cambridge: Polity.

BENTHAUS-APEL, F. (1995). **Zwischen Zeitbindung und Zeitautonomie**: eine empirische Analyse der Zeitverwendung und Zeitstruktur der Werktags- und Wochenendfreizeit. Wiesbaden: Deutscher Universitäts-Verlag.

BLUMENBERG, H. (1986). **Lebenszeit und Weltzeit**. Frankfurt/M.: Suhrkamp.

BONUS, H. (1998). Die Langsamkeit der Spielregeln. In: BACKHAUS, K.; BONUS, H. (ed.). **Die Beschleunigungsfalle oder der Triumph der Schildkröte**. Stuttgart: Schäffer/Pöschel. p. 41-56.

CONRAD, P. (1999). **Modern Times and Modern Places**: How Life and Art were Transformed in a Century of Revolution, Innovation and Radical Change. Nova York: Alfred A. Knopf.

DÖRRE, K. (2009). Die neue Landnahme – Dynamiken und Grenzen des Finanzmarktkapitalismus. In: DÖRRE, K.; LESSENICH, S.; ROSA, H. **Soziologie, Kapitalismus, Kritik** – Eine Debatte. Frankfurt/M.: Suhrkamp. p. 15-57.

EBERLING, M. (1996). **Beschleunigung und Politik**. Frankfurt/M.: Peter Lang.

EHRENBERG, A. (1999). **La fatigue d'être soi** – Dépression et société. Paris: Odile Jacob.

ERIKSEN, T.H. (2001). **Tyranny of the Moment** – Fast and Slow Time in the Information Age. Londres/Sterling/Virginia: Pluto.

FLAHERTY, M.G. (1999). **A Watched Pot** – How We Experience Time. Nova York: New York University Press.

FRANKFURT, H. (1988). **The Importance of What We Care About** – Philosophical Essays. Cambridge: Cambridge University Press.

FUKUYAMA, F. (1992). **The End of History and the Last Man**. Nova York: The Free Press.

GARHAMMER, M. (1999). **Wie Europäer ihre Zeit nutzen** – Zeitstrukturen und Zeitkulturen im Zeichen der Globaliserung. Berlim: Sigma.

GEIFLER, K. (1999). **Vom Tempo der Welt** – Am Ende der Uhrzeit. Friburgo: Herder.

GERGEN, K. (2000). **The Saturated Self** – Dilemmas of Identity in Contemporary Life. Nova York: Basic Books.

GERTENBACH, L.; ROSA, H. (2009). Kritische Theorie. In: GERTENBACH, L.; KAHLERT, H; KAUFMANN, S.; ROSA, H.; WEINBACH, C. **Soziologische Theorien**. Paderborn: Finke. pp. 175-254.

GIDDENS, A. (1994). **Consequences of Modernity**. Cambridge: Polity.

GLEICK, J. (1999). **Faster** – The Acceleration of Just About Everything. Nova York: Pantheon.

GLOTZ, P. (1998). Kritik der Entschleunigung. In: BACKHAUS, K.; BONUS, H. (eds.). **Die Beschleunigungsfalle oder der Triumph der Schildkröte**. 3.ed. ampl. Stuttgart: Schäffer/Pöschel. pp. 75-89.

GRONEMEYER, M. (1996). **Das Leben als letzte Gelegenheit** – Sicherheitsbedürfnisse und Zeitknappheit. 2. ed. Darmstadt: Wissenschaftliche Buchgesellschaft.

GURVICH, G. (1963). Social Structure and the Multiplicitiy of Time. In: TIRYAKIAN, E.A. (ed.). **Social Theory Values and Sociolcultural Change**. Glencoe: Free. pp. 171-185.

HABERMAS, J. (1984a). **The Theory of Communicative Action** – Vol. 1: Reason and the Rationalization of Society. Trad. de Thomas McCarthy. Cambridge: Polity.

HABERMAS, J. (1984b). **The Theory of Communicative Action** – Vol. 2: Lifeworld and System: A Critique of Functionalist Reason. Trad. de Thomas McCarthy. Cambridge: Polity.

HABERMAS, J. (1992). Drei normative Modelle der Demokratie – Zum Begriff derdeliberativer Politik. In: MÜNKLER, H. (ed.).

Chancen der Freiheit – Grundprobleme der Demokratie. Munique: Piper. pp. 11-24.

HABERMAS, T. (1999). **Geliebte Objekte** – Symbole und Instrumente der Identitätsbildung. Frankfurt/M.: Suhrkamp.

HALL, E.T. (1973). **The Silent Language**. Nova York: Anchor.

HARVEY, D. (1990). **The Condition of Postmodernity** – An Enquiry into the Origins of Cultural Change. Cambridge/Oxford: Blackwell.

HARVEY, D. (1999). **The Limits to Capital**. Londres/Nova York: Verso.

HONNETH, A. (1994). **Pathologien des Sozialen**. Frankfurt/M.: Fischer-Taschenbuch-Verlag.

HONNETH, A. (1996). **The Struggle for Recognition** – The Moral Grammar of Social Conflicts. Trad. de Joel Anderson. Cambridge: MIT.

HONNETH, A. (2003). Organisierte Selbstverwirklichung – Paradoxien der Individualisierung. In: HONNETH, A. (ed.). **Befreiung aus der Mündigheit** – Paradoxien des gegenwärtigen Kapitalismus. Frankfurt/M.: Campus. p. 141-158.

HONNETH, A. (2007). **Pathologien der Vernunft** – Geschichte und Gegenwart der Kritischen Theorie. Frankfurt/M.: Suhrkamp.

JAEGGI, R. (2005). **Entfremdung** – Zur Aktualität eines sozialphilosophischen Problems. Frankfurt/M.: Campus.

JAHODA, M. (1988). Time: a social psychological perspective. In: YOUNG, M.; SCHULLER, T. (eds.). **The Rythms of Society**. Londres/Nova York: Routledge. p. 154-172.

JAMESON, F. (1994). **The Seeds of Time**. Nova York: Columbia University Press.

KOHLI, M. (1990). Lebenslauf und Lebensalter als gesellschaftliche Konstruktionen: Elemente zu einem interkulturellen Vergleich. In:

ELWERT, G.M.; KOHLI, M.; MILLER, H.K. (eds.). **Im Lauf der Zeit** – Ethongraphische Studien xur gesellschaftlichen Konstruktion von Lebensaltern. Saarbrücken: Breitenbach. p. 11-32.

KOSELLECK, R. (2009). Is There an Acceleration of History? In: ROSA, H.; SCHEUERMAN, W. **High-Speed Society** – Social Acceleration, Power and Modernity. Pensilvânia: Pennsylvania State University. p. 113-134.

KRAUS, W. (2002). Falsche Freunde. In: STRAUB, J.; RENN, J. (eds.). **Transitorische Identität** – Der Prozesscharakter des modernen Selbst. Frankfurt/M./Nova York: Campus. p. 159-186.

KUBEY, R.; CSIKSZENTMIHALYI, M. (1990). **Television and the Quality of Life, How Viewing Shapes Everyday Experience**. Hillsdale/Nova Jersey: Lawrence Erlbaum.

LASLETT, P. (1988). Social Structural Time: An Attempt at Classifying Types of Social Change by Their Characteristic Paces. In: YOUNG, M.; SCHULLER, T. (ed.). **The Rhythms of Society**. Londres/Nova York: Routledge. p. 17-36.

LEVINE, R. (1997). **A Geography of time**: the Temporal Misadventures of a Social Psychologist, or How Every Culture Keeps Time Just a Little Bit Differently. Basic Books.

LINDER, S.B. (1970). **The Harried Leisure Class**. Nova York: Columbia University Press.

LÜBBE, H. (1998). Gegenwartsschrumpfung. In: BACKHAUS, K.; BONUS, H. **Die Beschleunigungsfalle oder der Triumph der Schildkröte**. 3. ed. ampl. Stuttgart: Schäffer/Pöschel. p. 129-164.

LÜBBE, H. (2009). The Contraction of the Present. In: ROSA, H.; SCHEUERMAN, W. **High-Speed Society** – Social Acceleration, Power and Modernity. Pensilvânia: Pennsylvania State University. p. 159-178.

MÜLLER, H.-P.; SCHMID, M. (1995) (eds.). **Sozialer Wandel, Modelloildung und theoretische Ansätze.** Frankfurt/M.: Suhrkamp.

MYERSON, G. (2001). **Heidegger, Habermas and the Mobile Phone.** Cambridge: Icon.

NULLMEIER, F. (2000). **PolitischeTheoriedesWohlfahrtsstaats.** Frankfurt/M./Nova York: Campus.

OSTEN, M. (2003). **"Alles veloziferisch" oder Goethes Entdeckung der Langsamkeit.** Frankfurt/M.: Insel.

REHEIS, F. (1996). **Kreativität der Langsamkeit** – Neuer Wohlstand durch Entschleunigung. Darmstadt: Wissenschaftliche Buchgesellschaft.

ROBINSON, J.; GODBEY, G. (1996). The great American slowdown. **American Demographics**, jun., p. 42-48.

ROBINSON, J.; GODBEY, G. (1999). **Time for Life** – The Surprising Ways American Use Their Time. 2. ed. University Park: Pennsylvania State University Press.

ROSA, H. (1998). **Identität und kulturelle Praxis** – Politische Philosophie nach Charles Taylor. Frankfurt/M.: Campus.

ROSA, H. (2001). Temporalstrukturen in der Spätmoderne: Vom Wunsch nach Beschleunigung und der Sehnsucht nach Langsamkeit – Ein Literaturüberblick in gesellschaftstheoretischer Absicht. **Handlung, Kultur, Interpretation**, n. 2, v. 10. p. 335-381.

ROSA, H. (2002). Zwischen Selbstthematisierungszwang und Artikulationsnot? – Situative Identität als Fluchtpunkt von Individualisierung und Beschleunigung. In: STRAUB, J.; RENN, J. (eds.). **Transitorische Identität** – Der Prozsesscharakter des modernen Selbst. Frankfurt/M./Nova York: Campus.

ROSA, H. (2003). Social acceleration – Ehtical and political consequences of a desynchronized high-speed society. **Constellations** – An International Journal of Critical and Democratic Theory, 10, p. 3-52.

ROSA, H. (2005a). **Beschleunigung** – Die Veränderung der Zeitstrukturen in der Moderne. Frankfurt/M.: Suhrkamp.

ROSA, H. (2005b). The Speed of Global Flows and the Pace of Democratic Politics. **New Political Science**, v. 27, p. 445-459.

ROSA, H. (2006). Wettbewerb als Interaktionsmodus – Kulturelle und sozialstrukturelle Konsequenzen der Konkurrenzgesellschaft. **Leviathan** – Zeitschrift *für* Sozialwissenschaften, 34, p. 82-104,

ROSA, H. (2007). The universal underneath the multiple: Social acceleration as a key to understanding modernity. In: SCHMIDT, V.H. (ed.). **Modernity at the Beginning of the 21st Century**. Newcastle: Cambridge Scholar Publishing. p. 37-61.

ROSA, H. (2009a). Kritik der Zeitverhältnisse – Beschleunigung und Entfremdung als Schitissel-begriffe der Sozialkritik. In: JAEGGI, R.; WESCHE, T. (eds.). **Was ist Kritike**? Frankfurt/M.: Suhrkamp. p. 23-54.

ROSA, H. (2009b). Beschleunigung und Depression – Uberlegungen zum Zeitverhältnis der Moderne. In: HILDENBRAND, B.; BORST, U. (eds.). **Zeit und Therapie**, Stuttgart: Klett-Cotta.

ROSA, H.; SCHEUERMAN, W. (2009) (eds.). **High-speed society** – Social acceleration, power and modernity. Pensilvânia: Pennsylvania State University.

ROSA, H.; STRECKER, D.; KOTTMAN, A. (2007). **Soziologische Theorien**. Konstanz: UVK Verlagsgesellschaft.

SCHACHT, R. (1971). **Alienation**. Garden City: Anchor.

SCHEVERMAN, W.E. (2004). **Liberal Democracy and the Social Acceleration of Time**. Baltimore/Londres: Johns Hopkins University Press.

SCHIVELBUSCH, W. (2000). **Geschichte der Eisenbahnreise** – Zur Industrialisierung von Raum und Zeit im 19. Jahrhundert. Frankfurt/M.: Fischer.

SCHMIED, G. (1985). **Soziale Zeit** – Umfang, "Geschwindigkeit", Evolution. Berlim: Duncker/Humblot.

SCHULZE, G. (1994). Das Projekt des schönen Lebens – Zur soziologischen Diagnose der modernen Gesellschaft. In: BELLEBAUM, A.; BARHEIER, K. **Lebensqualität** – Ein Konzept für Praxis und Forschung. Optaden: Westdeutscher Verlag. p. 13-39.

SEIWERT, L. (2000). **Wenn Du es eilig hast, gehe langsam** – Das neue Zeitmanagment in einer beschleunigten Welt. Frankfurt/M./ Nova York: Campus.

SIMMEL, G. (1971). **The Metropolis and Mental Life**. Ed. de R. Levine. Chicago: University of Chicago Press.

SIMMEL, G. (1978). **The Philosophy of Money**. Ed. de D. Frisby. Londres: Routledge.

SENNETT, R. (1998). **Der flexible Mensch** – Die Kultur des neuen Kapitalismus. Berlim: Berlin Verlag.

SZTOMPKA, P. (1994). **The Sociology of Social Change**. Oxford: Blackwell.

TAYLOR, C. (1985). Legitimation crisis? In: CHARLES, T. **Philosophy and the Human Science** – Philosophical Papers 2. Cambridge: Cambridge University Press. p. 248-288.

TAYLOR, C. (1989). **Sources of the Self**: The Making of The Modern Identity. Cambridge: Harvard University Press.

TAYLOR, C. (2007). **A Secular Age**. Cambridge/Londres: The Belknap Press/Harvard University Press.

TURKLY, S. (1995). **Life on the Screen**: Identity in the Age of the Internet. Nova York: Simon & Schuster.

VIRILIO, P. (1997). **Open Sky**. Londres/Nova York: Verso.

VIRILIO, P. (1998). Polar Inertia. In: DERIAN, J. (ed.). **The Virilio--Reader**. Oxford: Blackwell. p. 117-133.

VIRILIO, P. (2006). **Speed and Politics**: An Essay on Dromology. Los Angeles: Semiotext(e).

WAGNER, P. (1994). **A Sociology of Modernity**: Liberty and Discipline. Londres: Routledge.

WEBER, M. (1930). **The Protestant Ethic and the Spirit of Capitalism**. Londres: Unwin.

Conecte-se conosco:

f facebook.com/editoravozes

◉ @editoravozes

𝕏 @editora_vozes

▶ youtube.com/editoravozes

☎ +55 24 2233-9033

www.vozes.com.br

Conheça nossas lojas:
www.livrariavozes.com.br

Belo Horizonte – Brasília – Campinas – Cuiabá – Curitiba
Fortaleza – Juiz de Fora – Petrópolis – Recife – São Paulo

  Vozes de Bolso

EDITORA VOZES LTDA.
Rua Frei Luís, 100 – Centro – Cep 25689-900 – Petrópolis, RJ
Tel.: (24) 2233-9000 – E-mail: vendas@vozes.com.br